Christopher Papadopoulos

PAZ

dónde y cómo encontrarla

EDITORIAL
SIRIO

Si este libro le ha interesado y desea que lo mantengamos
informado de nuestras publicaciones, puede escribirnos a
comunicacion@editorialsirio.com,
o bien suscribirse a nuestro boletín de novedades en:
www.editorialsirio.com

Título original: PEACE - AND WHERE TO FIND IT
Traducido del inglés por Vicente Merlo
Diseño de portada: Editorial Sirio, S.A.

©   de la edición original
     2015, Christopher Papadopoulos

©   de la presente edición
     EDITORIAL SIRIO, S.A.

EDITORIAL SIRIO, S.A.	NIRVANA LIBROS S.A. DE C.V.	DISTRIBUCIONES DEL FUTURO
C/ Rosa de los Vientos, 64	Camino a Minas, 501	Paseo Colón 221, piso 6
Pol. Ind. El Viso	Bodega nº 8,	C1063ACC
29006-Málaga	Col. Lomas de Becerra	Buenos Aires
España	Del.: Alvaro Obregón	(Argentina)
	México D.F., 01280	

www.editorialsirio.com
sirio@editorialsirio.com

I.S.B.N.: 978-84-16579-24-2
Depósito Legal: MA-1387-2016

Impreso en Imagraf Impresores, S. A.
c/ Nabucco, 14 D - Pol. Alameda
29006 - Málaga

Impreso en España

Puedes seguirnos en Facebook, Twitter, YouTube e Instagram.

Para mi padre
(1939-2007)

Reconocimientos

Aunque él no ha visto el nacimiento de este libro, la amabilidad, sabiduría y aceptación incondicional de mi padre fue lo que lo ha hecho posible. Estoy agradecido a mi madre, por su amor y por recibirme tan bien siempre que vuelvo a casa, acogiéndome, sin preguntar.

Mi aprecio y gratitud hacia mis hermanos, Peter y Philip, por su humor y por constituir un valioso espejo en el que mirarme y ver cómo he ido creciendo y evolucionando.

Quiero agradecer a Veronica Lehner y Kahler Newsom por su *feedback* y su estímulo al comienzo del proceso de la escritura. Estoy agradecido también a Suzanne Lord, Bernard Gloster y Victoria Ritchie por su ayuda en el intento de llevar mis palabras al mundo.

Un agradecimiento especial, de todo corazón, a todo el equipo de la editorial Namaste, por su profesionalidad y su amabilidad. Estoy especialmente en deuda con Constance Kellough, por creer en el mensaje de este libro y ser una presencia amorosa y una guía durante todo este viaje editorial. Gracias a Lucinda Beacham por su ayuda y atención al más pequeño detalle durante el proceso de edición. Ha sido un honor y un placer trabajar con David Robert Ord, un maestro-editor que ha transformado mis palabras en un libro eminentemente legible.

Me gustaría agradecer también a Eckhart Tolle por su apoyo y su guía, y por ser la inspiración que ha planeado pacíficamente sobre todo este proyecto.

Finalmente, quiero expresar mi más profunda gratitud a Emma Pradel, por el amor incondicional y el apoyo, y por animarme en cada paso del camino.

Prólogo

Si ya has vivido bastante tiempo, puede que en algún momento se te haya ocurrido el desconcertante pensamiento de que la paz o la felicidad duradera se te puedan escapar para siempre. Es cierto que hay momentos, o incluso períodos, de satisfacción, quizás cuando estás comprometido con algún esfuerzo creativo, cuando acabas de satisfacer algún deseo o lograr algún objetivo, o cuando algún placer sensorial te produce una satisfacción momentánea. Sin embargo, no suele pasar mucho tiempo sin que algo conseguido se convierta en una pérdida, un logro deje de ser satisfactorio o se generen nuevos problemas totalmente imprevistos. O quizás un éxito en un área de tu vida se ve empañado por el fracaso en otra área, o después de enamorarte te desenamoras, que a menudo significa que la misma persona que te hizo feliz pasa a hacerte infeliz. Parece, pues, que la mayor parte del tiempo hay algún problema o algún trastorno, de un tipo u otro, que interfiere en nuestra situación vital.

Relaciones, familia, trabajo, dinero, salud: estos son los principales factores que constituyen tu situación vital, y muy probablemente, en este momento, al menos uno de estos factores no solo es problemático, sino también una fuente de sufrimiento e infelicidad en tu vida. Si tu situación vital es totalmente satisfactoria ahora, ¡simplemente espera! ¡No tardará mucho en ocurrir algo que haga que todo vaya mal otra vez!

Fue una de las grandes intuiciones del Buda hace unos dos mil quinientos años que todas las condiciones que constituyen la existencia humana están en constante fluir, son impermanentes e inherentemente inestables. Y por eso la vida es siempre problemática, siempre conflictiva. Unas veces los problemas llegan desde el exterior; otras, proceden del interior, en forma de pensamiento disfuncional, ¡y puede que ni siquiera nos demos cuenta! Tal vez tú también tengas que enfrentarte con el desafío de tener que vivir con los residuos, acomodados en tu interior, de sufrimiento emocional del pasado, lo que llamo el *cuerpo del dolor*. ¡Es obvio que el mundo no está diseñado para hacernos felices!

De hecho, hay amplia evidencia que apoya el presupuesto de que el mundo está aquí para retarte, ya que eso es lo que hace todo el tiempo —a menos que el mundo no sea más que una acumulación de átomos y moléculas, «un chiste contado por un idiota, lleno de artificio, sin ningún sentido», lo cual no es, a pesar de que la ciencia y la cultura dominante todavía mantengas esa creencia—. No son solo los humanos quienes son desafiados aquí. Les sucede a todas las formas. Todas las formas de vida están en un viaje evolutivo, y todas ellas evolucionan mediante el desafío, al encontrar obstáculos y superarlos, manifestando así su potencial evolutivo. A través de los retos se genera más consciencia.

¿Significa esto que en el mundo es imposible la paz? ¿Es la paz incluso deseable, teniendo en cuenta que crecemos gracias a las dificultades y del sufrimiento?

La buena noticia es que hay una paz trascendente, cuyo surgimiento no depende de que las cosas estén fluyendo con suavidad en nuestra vida. Esa paz no es de este mundo y no depende de condiciones externas. El Buda se refería a ella cuando hablaba del «fin del sufrimiento» como un estado de conciencia que el ser humano puede alcanzar, y Jesús predicó sobre «la paz que trasciende toda comprensión». ¿Cómo encontrarla?

La respuesta a esto se aborda en este libro, pero permíteme que plantee brevemente su esencia. Una vez nos damos cuenta de que el mundo no está hecho para hacernos felices, sino para plantearnos retos, puede que nos resulte más fácil no solo reconocer nuestros patrones de resistencia habituales, que surgen cuando las cosas «van mal», sino también abandonar los pensamientos subyacentes que presuponen que «esto no debería estar pasándome a mí». También podemos descubrir que la mayor parte de nuestra infelicidad no está provocada por situaciones problemáticas, sino por los pensamientos que nuestra mente teje alrededor de ellas, la historia que nos contamos a nosotros mismos sobre ello. Cuando seamos conscientes de ello, podremos abandonar los pensamientos que crean infelicidad de una u otra forma.

Esto es lo que el *Dhammapada*, una antigua escritura budista, tiene que decir sobre ello:

«Él me insultó, me hirió, me rechazó, me robó».
Los que piensan así no estarán libres de odio
«Él me insultó, me hirió, me rechazó, me robó».
Los que no piensan así estarán libres de odio.

Por supuesto, el odio es una de las muchas formas que la infelicidad puede adoptar. Obtenemos los primeros destellos de la paz trascendente cuando evitamos imponer tales pensamientos disfuncionales a las situaciones que vivimos o a las personas que nos rodean. Cuando nos hacemos amigos del instante presente, cuando dejamos que las cosas sean, sin importar la forma que adopten, lo que sucede lo hace sobre el trasfondo del «ser», que es paz. Entonces no solo emanamos paz, sino que la paz también cambia el modo como nos relacionamos con cualquier acción que realicemos, con cualquier palabra que pronunciemos. Cómo respondemos a una situación o a una persona en el presente configurará la forma que adoptará el momento siguiente y tendrá infinitas repercusiones en el futuro. Este es el único modo en que el mundo puede cambiar y cambiará.

Una vez hemos vislumbrado esa paz trascendente, podemos invitarla a nuestra vida, por así decirlo. Cuando se ha alcanzado un cierto nivel de conciencia, la paz se convierte en una elección siempre posible. Desde luego, a veces podemos olvidar que tenemos elección, o nuestros antiguos patrones reactivos del ego pueden reafirmarse tan intensamente que eliminan de forma temporal la posibilidad de elección. Pero luego vuelve a emerger la luz de la conciencia y disipa la oscuridad de la inconsciencia.

Invitar a la paz trascendente a tu vida implica necesariamente hacerte consciente de ti mismo como Presencia, la consciencia sin forma y sin tiempo que subyace a todo pensamiento, a todo sentimiento, a toda percepción. En *El poder del ahora* describo la simplicidad de esa realización, que está más allá del tiempo porque es sinónimo de conciencia del momento presente. Para hacerte consciente de esa Presencia —las palabras que forman este libro emergieron de ella y por eso tienen un gran poder tansformador— no solo tienes que percatarte de los breves espacios vacíos que se dan de manera espontánea, a veces, entre pensamiento y pensamiento, sino crear espacios más largos de «no pensamiento» en lo que de otro modo es una corriente incesante de pensamiento involuntario.

Si has leído *El poder del ahora*, estarás familiarizado con el concepto de «conciencia corporal interna» y, lo que es más importante, con su práctica. Es un modo potente y fácil de salir de la corriente del pensar compulsivo y conectar con la esencia de quien eres. Solo cuando sabes quién eres, puedes estar en paz, y de ese modo no te resentirás más ni los desafíos de la vida te arrollarán cuando surjan.

Al integrar el mensaje de *El poder del ahora* y responder a él profundamente, se obtienen los mayores beneficios de la paz —que te ayuda a profundizar en la práctica de la conciencia corporal interna, hasta que deja de constituir una práctica y se convierte en un modo de ser—. Su principal mensaje es que la paz es posible, incluso en medio del torbellino de la vida. Es posible porque es inseparable de lo que eres en tu esencia.

Eckhart Tolle,
autor de *El poder del ahora, Un nuevo mundo ahora y El silencio habla*

Capítulo

1

La búsqueda de la paz

Una mañana del otoño de 2003, me dirigí a la cocina y le dije a mi madre:

—¿Sabes qué? Mi búsqueda ha cesado.

Una claridad impregnada de paz se había trasladado desde el trasfondo de mi conciencia hasta el primer plano. De pronto, sentirse en paz parecía muy normal. Sentía algo muy distinto a los recuerdos que tenía de una existencia vivida casi siempre perdido en mis pensamientos o reaccionando a todo emocionalmente, como si la paz hubiese sido siempre mi estado natural.

Era como si hubiera llegado a casa.

Solo entonces me percaté de lo arraigado que había estado en mí el yo «buscador». No tenía ni idea del alcance de mi ansiedad, ni de lo desesperadamente que había deseado encontrar la paz. Hasta que, tras años de búsqueda, finalmente mi angustia había cesado.

Todo el mundo quiere sentir paz, ¿no es así? La gente se aparta de su camino para evitar situaciones angustiosas o para convertir sus sueños en realidad, esperando encontrar la paz.

¿Te sorprendería si te dijera que el sentimiento de paz no tiene nada que ver con tu *situación* personal habitual, sino con *dónde está tu atención*?

Para ilustrar lo que estoy afirmando puedes plantearte, si ahora estás en una habitación, si hay más objetos en ella o hay más espacio. Quizás no te hayas dado cuenta hasta ahora, pero en la mayoría de las habitaciones hay mucho más espacio que objetos. La habitación corriente consta, fundamentalmente, de espacio. De hecho, el mundo mismo consta fundamentalmente de espacio vacío —la atmósfera—, con formas en algunos lugares. ¿No es esto cierto también del propio universo?

Y si nos desplazamos de mundo macroscópico al de los átomos, comprobamos que el núcleo y los electrones constituyen una infinitésima parte de estos. El espacio entre los átomos individuales es incluso mayor, independientemente del material de que se trate. Podríamos quitar el techo de una casa y llenarla de hormigón desde el suelo hasta el techo, y aun así el bloque sólido resultante todavía sería en más de un 99,99% espacio vacío. ¿Todo ese espacio estaba allí antes de que apareciésemos nosotros o acaba de llegar? Sin lugar a dudas, ha estado ahí desde hace mucho tiempo. Simplemente no éramos conscientes de ello.

Todo esto nos lleva a la conclusión de que la aparente solidez de todo lo material es una ilusión de los sentidos.

¿Dónde debería buscar la paz?

Puedes pensar que has buscado la paz *en todas partes*. Quizás te sientas frustrado, incluso irritado, porque crees que has buscado en todas partes y lo has intentado todo, pero sin éxito. Ahora bien, te he mostrado ya que hay una realidad a tu alrededor a la que probablemente no has prestado atención hasta ahora. Puede que ni siquiera te hayas percatado de su existencia.

El hecho de que hayas buscado la paz en tantos lugares y no la hayas encontrado en realidad es una buena noticia. Aunque creas que has mirado en todas partes, acabas de descubrir lo fácil que es no darse cuenta de algo que, de hecho, resulta muy obvio. Igual que no te habías fijado en lo vacío que está todo, tampoco te habías percatado de que la paz que anhelas está, en verdad, *ya aquí*.

De hecho, la paz que has estado buscando emana de la vacuidad del espacio del que hemos estado hablando hace un momento, el espacio en el que tú existes. La paz siempre ha estado aquí, y desde luego en todas partes, sin que lo supieras. Una vez aprendas cómo sintonizar con ella, tendrás toda la paz que desees. Si no estás en paz contigo mismo, eso indica que no has buscado allí donde tú te encuentras. ¿Cómo lo sé? Porque para mirar aquí, hay que *estar* aquí.

¿Qué quiero decir con «estar aquí»?

Para estar aquí, tienes que estar en el instante presente, prestándole toda tu atención. Por desgracia, en la mayoría de los casos, nuestras mentes están en otra parte.

Cuando no estamos completamente aquí, en este momento, no experimentamos la realidad tal como es. En lugar de eso, la vemos a través de un pesado filtro de creencias, pensamientos y emociones. Esta es una característica de la mente, que podríamos entender como un mecanismo de interpretación y medida. Si prestas atención a tus pensamientos, te darás cuenta de que están constantemente juzgándolo todo, comentándolo todo, extrayendo conclusiones de todo.

El problema es que este constante interpretar y valorar, que tiene lugar cuando la mente está activa, tiende a desconectarnos de la parte viva de la realidad. Dicho de otro modo, los pensamientos que utilizamos para tratar de entender la realidad nos apartan de la verdadera experiencia de la realidad.

Centrémonos en el pensamiento por un momento. ¿Eres consciente de que hay un monólogo casi constante en tu cabeza? Lo hay, aunque muchos de nosotros no nos percatemos de ello a menos que nos detengamos y prestemos atención a nuestros pensamientos.

Esta «voz en la cabeza»[1] mantiene una conversación consigo misma durante la mayor parte de nuestras horas de vigilia. Es como si estuviésemos hablando con nosotros mismos todo el tiempo. Pero esta voz no es nuestra propia voz —no es la voz de nuestro verdadero yo—. Es una voz ajena.

Incluso si, a diferencia de la mayoría de la gente, eres consciente de su existencia, puede que nunca hayas pensado en ella como una voz extraña. Estás tan completamente identificado con ella que te parece que son tus propios pensamientos. Hasta que te apartas de ellos, y de pronto te haces consciente de que todos esos pensamientos y esas diversas emociones surgen sin que tú hagas nada para producirlos. ¡No son tú, en absoluto! Es algo que ocurre dentro de tu cabeza, y tú eres quien los escucha, se da cuenta de ellos y los observa.

Quizás sea útil pensar en la voz de tu cabeza como un *software* que te han programado y ahora funciona en tu cableado, los circuitos neuronales de tu cerebro. Este *software* tiene varios nombres. El que yo suelo utilizar fue acuñado por Eckhart Tolle en su libro *El poder del ahora*. Él lo llama «ego».

¿Estás diciendo que mi ego es distinto de quien realmente soy?

Ego es un término que ha estado circulando desde hace miles de años. Sin embargo, a lo largo de los siglos, su significado ha cambiado. Se ha utilizado para referirse a todo, desde nuestro auténtico yo hasta un falso sentido del yo, e incluso, como lo empleaba Freud, a aspectos específicos de nosotros mismos.

Cuando yo hablo del ego, no me estoy refiriendo a quien realmente somos, sino a un falso sentido de nosotros mismos —una idea, una imagen, un retrato de nosotros que llevamos en nuestra cabeza.

Comprenderás lo que quiero expresar si alguien te dice: «Necesito mejorar la imagen de mí mismo». Hay un observador que ve la imagen y concluye que necesita una mejora. O alguien dice algo así como: «Yo no me veo de ese modo». Su interpretación y la tuya de cómo han llegado a tal imagen son muy distintas.

Como ya te he indicado, el *software* que está casi constantemente funcionando por nuestros circuitos neuronales deja caer un pesado filtro de creencias, pensamientos y emociones sobre la realidad. Este filtro conceptual apenas es percibido. Es tan sutil que permanece sobre nuestra percepción de la realidad durante vidas y vidas a menos que algo haga que despertemos y descubramos su presencia. El resultado es que los procesos mentales asociados con este *software* consumen la mayor parte de nuestra atención, dejando poco espacio para ver las cosas tal como *realmente* son –incluyendo quién es nuestro auténtico yo.

La mayoría de los seres humanos sufre de identidad equivocada. Creemos que somos nuestros pensamientos, nuestros sentimientos y nuestra conducta, cuando todos ellos son productos de nuestra mente. Nos pensamos como «yo», con una historia acerca de lo que me gusta y lo que no, lo que nos sucedió en el pasado y lo que queremos que nos suceda en el futuro. De hecho, a menudo asociamos la vida con «lo que nos está ocurriendo».

Si prestas atención de verdad, verás que todos nuestros pensamientos, emociones y conducta –junto con aquello que nos ocurre– se producen en la *superficie* de la realidad. Oculta tras las bambalinas hay una inteligencia silenciosa, invisible, que observa esto. Esta inteligencia invisible es conciencia pura. No tiene tamaño ni forma, simplemente *es*. Podemos pensar en ella como «ser» puro, eso que existe antes de que las cosas y los acontecimientos lleguen a ser. En otras palabras, es la *fuente* de todas las formas y de todo lo que ocurre. Es allí donde se originan los objetos, la naturaleza, las personas, los lugares, los pensamientos y las emociones.

Este ser puro –esta inteligencia de donde todo ha surgido– no puede conocerse por medio de palabras o pensamientos. Es imposible describirlo, ni siquiera imaginarlo. Ha de experimentarse.

Lo compararía con un pomelo. Si nunca hubieras visto fruta de ningún tipo y comenzase a describirte un pomelo, por mucho que lo intentase, apenas te harías una idea de lo que es el pomelo. La única manera que tendrías de saber de qué estoy hablando sería verlo, tenerlo en tus manos, pelarlo, saborearlo y comértelo. Dicho de otro modo, has de experimentarlo para conocerlo. En efecto, solo cuando nos hacemos uno con el pomelo, de manera que absorbamos sus nutrientes, captamos verdaderamente lo que es.

En nuestro ser esencial, cada uno de nosotros es pura consciencia. De modo que mientras nos identifiquemos con la voz en nuestra cabeza, estamos viviendo un caso de identidad equivocada. Identificarnos con el contenido de nuestra mente es habitar en un mundo virtual, lo cual significa vivir en el mundo abstracto del pensamiento.

Para descubrir quién somos realmente, tenemos que apartarnos del pensador que cree ser nosotros, incluyendo las imágenes que tenemos de nosotros mismos. Hemos de mirar por debajo de nuestra confusión mental para hallar su fuente, la espaciosidad de la conciencia pura. Solo entonces podremos reconocer esta consciencia siempre presente como nuestra verdadera naturaleza, que es ser puro. Quiero ser muy claro en lo que significa *conciencia pura*. Cuando decimos: «Soy consciente de la situación», nos estamos refiriendo a que estamos al tanto de nuestros pensamientos *acerca* de una situación. Así es como generalmente describimos la conciencia. Pero detrás de nuestro contenido mental, de nuestro cuerpo y del universo hay una fuente sin forma, eternamente despierta, presente, origen de todo lo que existe. Esta conciencia pura ha existido siempre y siempre existirá. Esto es lo que verdaderamente somos.

Cuando redirigimos nuestra atención para hacernos conscientes de la propia consciencia, no nos identificamos con ningún pensamiento, objeto, emoción ni suceso. No somos «esto» ni «aquello». Como expresión de la conciencia que precede a la emergencia de todas las formas, somos simplemente *ser*. Somos uno con la fuente de todo lo que puede concebirse y percibirse y que constituye su testigo silencioso.

Oigo decir a mucha gente que es importante estar «aquí y ahora». ¿Por qué?

Todos hemos oído expresiones como «estar aquí y ahora», «estar en el momento», «permanecer en el ahora», «vivir el momento presente». Así que, cuando hablo de «ser» puro, es probable que te preguntes: «¿No he oído todo esto antes?». Sí, millones de personas han hablado de la necesidad de vivir en el presente. Sin embargo, aquí estamos, la mayoría de nosotros luchando, hiriéndonos mutuamente, año tras año. Como resulta obvio, no basta con haber oído que hay que vivir el presente y que todo el mundo, desde deportistas famosos hasta estrellas de cine hablen de ello actualmente — de otro modo la gente no sufriría como lo hace—. Ha de convertirse en una experiencia verdadera de la que ya no hablemos o ni siquiera intentemos tener. Ha de experimentarse como nuestro estado de *ser*.

A veces la gente piensa que ya está bien de toda esta charla acerca del momento presente. Creen que saben acerca del aquí y ahora porque han leído muchos libros y realizado muchos retiros para profundizar su comprensión del tema. Después de algunos años intentando estar en el presente, se han cansado de ello.

Sin embargo, el verdadero instante presente nunca cansa ni irrita. Muy al contrario, es la verdadera definición de algo vibrante, de la alegría, la claridad y la paz. El hermoso misterio del presente te llena de asombro al mismo tiempo que se experimenta alivio y liberación.

De lo que «tienes bastante» es del *concepto* del momento presente, que parece burlarse de ti con sus esperanzadoras posibilidades, que siempre permanecen fuera de tu alcance. Cuando piensas de este modo es porque tu mente se está forzando, yendo en contra de la realidad, tratando de extraer una comprensión de ello a través exclusivamente de una interpretación mental. De este modo, tu mente actúa como una barrera invisible entre tú y la realidad. Como dos imanes cuyos polos del mismo signo se hallan uno frente al otro, cualquier cosa que intentes alcanzar, cualquier cosa que quieras comprender, se aleja por el acto mismo de intentar apresarla mentalmente.

Lo maravilloso es que la vida está programada para traernos experiencias que nos invitan a saltar al momento presente. De hecho, seguirá trayéndonos tales experiencias, repitiéndonos una y otra vez el mensaje de que debemos vivir en el instante, hasta que todo el mundo comience a encarnar aquello a lo que apuntan las palabras.

Cuando pasamos a vivir en el presente, experimentamos una paz profunda y vibrante, que es amplia e inteligente —una paz que no tiene nada que ver con todos los intentos que podamos hacer de reorganizar nuestras vidas o alterar lo que nos está ocurriendo, con la esperanza de hacer que las cosas nos sean más fáciles.

Descubrimos la paz como nuestra característica primordial, que siempre ha estado ahí.

Por lo que parece, sugieres que la gente tiene una comprensión equivocada de lo que la paz es.

En su gran éxito *Imagine*, John Lennon canta las palabras: «Imagina a todo el mundo viviendo la vida en paz». Es una bella imagen.

Sin embargo, la palabra *paz* supone un reto interesante. Se ha utilizado de modos tan distintos que se ha perdido buena parte de su significado. Reducida a una serie de tópicos en multitud de discursos y a un símbolo en camisetas y pegatinas, es poco más que una idea en la cabeza de la gente –una idea que es diferente para cada uno.

Pensemos en algunas de las maneras en que la gente imagina en qué consistiría que todo el planeta viviese en paz. Para un musulmán, un cristiano o un judío fundamentalista, el único modo de que alguna vez hubiese paz en la Tierra sería que todo el mundo se adhiriese a creencias idénticas y a las mismas prácticas inflexibles que ellos abrazan. Para muchos de ellos, la estricta adherencia a la Ley islámica, una interpretación literal de la Biblia o una rigurosa práctica de la Torá son esenciales para que haya paz. Por el contrario, para alguien que no cree en ningún tipo de Dios, que cada uno «haga lo que quiera» sin perjudicar a los demás constituiría un estado de paz. Nadie controlaría a nadie.

El mundo está plagado de violencia y de una indecible crueldad. Para muchos, paz significa simplemente ausencia de violencia –el fin de la barbarie, la tortura, los malos tratos y, especialmente, la guerra–. Para ellos, el mundo estaría en paz si los individuos y las naciones cesaran de estar en conflicto los unos con los otros.

Yo sugiero que nuestros conceptos de paz, que inevitablemente entran en conflicto con los de otras personas, no señalan en la dirección de la verdadera paz. De hecho, nos conducen en la dirección opuesta, pues nos llevan a imaginar que la paz es algo que puede hallarse externamente —practicando un código moral estricto, siguiendo el estilo de vida que prefiramos o simplemente no participando en las luchas.

Veo cómo nada de esto aporta una profunda sensación de paz, alegría y felicidad a la gente. Las personas no se sienten en paz consigo mismas.

Un número cada vez mayor de personas se están dando cuenta de que anhelan algo más que una pseudopaz que es superficial. Quieren un tipo de paz que calme sus nervios, disminuya su ansiedad y acalle su turbulencia emocional. De ahí que muchos se sientan atraídos por el tipo de filosofía expuesta por el influyente autor y conferenciante inspirador Dale Carnegie, quien afirmó: «Nada puede proporcionarte paz, excepto tú mismo».

Carnegie estaba en lo cierto. Solo nosotros podemos experimentar la paz —es algo que nadie puede legarnos—. Sin embargo, incluso este concepto puede alejarnos de la paz, si la imaginamos como algo sobre lo que tenemos que trabajar.

Por desgracia, cuanto más profundamente estamos inmersos en el mundo mental, más se convierten en clichés y en frases sin sentido las palabras de John Lennon o Dale Carnegie. Separados de nuestros verdaderos yoes, confundimos la realidad de la paz con algún ideal abstracto. Esto es lo que la mente, la conceptualizadora, hace con toda la realidad.

Aparta nuestra atención de la experiencia real de algo y crea una copia virtual para que la veamos y nos identifiquemos con ella. Cuanto más tiempo permanecemos fascinados por nuestras imágenes mentales y nuestros pensamientos, más nos alejamos de la realidad que queremos experimentar.

Yo creo que Lennon y Carnegie describían una verdad más profunda que aquello que generalmente se entiende a través de sus palabras. Sin duda, tuvieron un destello de la paz inherente al *ser* mismo.

Un término frecuente para el fenómeno al que se refirió Carnegie es el de *paz interior*. No obstante, es importante reconocer que *interior* no significa «dentro». Más bien se refiere a la dimensión interior de lo sin forma, el sustrato primordial del que surgen todas las formas que constituyen el mundo.

Ya es hora de liberar la paz de la cárcel de la mente, el mundo abstracto. La clave para ello es darse cuenta de que la paz que anhelamos es la realidad viva, vibrante, de quien realmente somos. Nunca puede entenderse de manera conceptual, pues posee una profundidad y una permanencia que están mucho más allá de la calma superficial y pasajera de lo que generalmente denominamos paz.

Estas páginas te mostrarán cómo vivir desde tu verdadera naturaleza, que siempre está en paz. Es tu derecho de nacimiento experimentar la paz como un trasfondo constante a todo lo que sucede en tu vida. En cierto sentido, es un mapa de carreteras que te lleva a casa, de vuelta a tu verdadero yo. Yendo en la dirección que este libro señala, entrarás en tu propia experiencia directa de estar en casa contigo mismo. Serás la evidencia de que la paz está disponible justo ahora, más allá de lo que esté ocurriendo en tu mundo externo. Las implicaciones de tal descubrimiento constituyen literalmente un salto evolutivo en la conciencia.

*¿Está relacionada, de algún modo, la paz
personal con la paz del planeta?*

Sí, y de hecho nunca experimentaremos la paz planetaria sin profundizar en este momento para experimentar la fuente de toda paz. La mayoría de la humanidad ha estado buscando la paz, durante miles de años, en el lugar equivocado.

Nunca ha habido una época, a lo largo de toda la historia, en que los seres humanos hayan alcanzado la paz. Lo que se afirmaba que era paz, era solo algo superficial y pasajero. Un alto el fuego entre dos naciones en guerra no es más que una declaración de menor violencia durante un período limitado –una promesa de abstenerse de actuar, que el ego encuentra irresistible–. Esto no es paz.

Aunque una calma pasajera ciertamente es preferible a la violencia y los conflictos, desaparece poco después de llegar, porque el ego –la imagen de nosotros mismos que llevamos en nuestra cabeza– siempre está, por naturaleza, insatisfecho, y su pensamiento y su reactividad compulsiva lo hacen propenso a nuevas rondas de negatividad. En consecuencia, igual que las naciones no han sido capaces de traer la paz en el pasado, a través de ceses de hostilidades, negociaciones y tratados, también los futuros intentos de crear la paz están destinados a fracasar.

La paz no consiste en dos líderes dándose la mano frente a los *flashes* de las cámaras fotográficas y ruidosos aplausos.

La paz no es una ceremonia en la que se firman documentos en una mesa.

La paz no es una vista panorámica de una ciudad durmiente allá abajo.

La paz no es una tarde en la cama leyendo, una mañana en el sótano arreglando una silla o una noche viendo la televisión.

La paz no es la imagen de alguien levantando dos dedos en forma de V, haciendo la señal de la victoria.

Esta lista podría ser muy larga, si intentamos pensar en todas las situaciones que representen calma, sosiego, tranquilidad, inactividad o una conducta que lo simbolice todo en conjunto. Pero nada de eso es a lo que me refiero cuando hablo de paz.

¿Entonces, una ciudad silenciosa no necesariamente es evidencia de una serenidad profunda o duradera?

No, porque detrás de cada puerta de una ciudad aparentemente silenciosa viven uno o más egos que inevitablemente se crean sufrimiento a sí mismos, y a menudo a los demás. Un comportamiento pausado o un estado de ánimo tranquilo están sujetos a cambio en poco tiempo. Tampoco reflejan la tensión, la distracción o la incomodidad que yacen bajo la superficie. En el mejor de los casos, se trata de estados de calma pasajeros.

Mientras estemos ocupados en forjar, negociar, establecer o de un modo u otro crear lo que no puede crearse, pasaremos por alto la paz que ya está ahí. La paz es permanente y está presente entre bastidores, en todas y cada una de las situaciones, esperando ser reconocida y experimentada. La paz no debería confundirse con símbolos, ceremonias ni otras actividades. Todos los pensamientos, intenciones, emociones, objetos y sucesos son impermanentes. Están constantemente cambiando, creciendo o disolviéndose, mientras que la paz ha estado siempre ahí y siempre lo estará.

La buena noticia es que una vez hemos dejado de resistir a la realidad, la paz personal y planetaria por la que hemos luchado y anhelado aparecerá. Esto es así porque la paz que anhelamos para que termine con nuestra angustia personal es la misma que las naciones buscan —una paz que actualmente se está convirtiendo en algo esencial para la supervivencia de nuestra especie—. La paz personal y la planetaria están relacionadas porque nuestro deseo de paz es, en el nivel más profundo, el anhelo de descubrir quién somos de verdad. Cada paso que un individuo da hacia el descubrimiento de sí mismo le acerca a la paz.

¿Concretamente, cómo puede la paz personal conducir a la paz mundial?

El despertar de una persona a su verdadera naturaleza actúa como un catalizador para otros. Es como si la paz que emana de esa persona comenzase a resonar y despertase algo profundo en otra. Al salir de las imágenes falsas que nos formamos de nosotros mismos, actuamos como espejos para quienes nos rodean, de manera que les resulta más difícil seguir representando sus papeles cuando encuentran un ser auténtico. Así pues, la conciencia de nuestro verdadero ser se propaga por el planeta, transportada sobre una ola de paz.

Dicho de otro modo, la paz invisible que impregna el universo solo se convertirá en lo que llamamos «paz mundial» cuando la experiencia personal de paz llegue a ser algo *ampliamente* reconocido y encarnado.

Podría decirse que la paz es más bien como una sola entidad viva que envuelve y penetra no solo nuestro planeta entero, sino todas las galaxias y, ciertamente, todo el universo. Se extiende desde la vastedad del espacio hasta lo infinitamente pequeño en el nivel subatómico. Esta entidad viva es la inteligencia, la conciencia, la esencia de aquel que cada uno de nosotros verdaderamente es. Lo único que tenemos que hacer es sintonizar con ella.

La búsqueda de la paz interior ha sido siempre la indagación de quién somos en nuestros yoes esenciales y la búsqueda de la paz mundial, un movimiento hacia el despertar global a nuestra unidad colectiva, como una expresión del *ser*. El destino, por así decirlo, es el mismo para el individuo y para el planeta –el reconocimiento de que somos algo más profundo que todas nuestras ideas acerca de nosotros mismos, de que somos conciencia pura, un estado de paz vibrante.

¿Te abandona alguna vez la paz de la que hablas?

Volvamos a la cocina, donde empezamos este viaje. Cuando le dije a mi madre que mi búsqueda había cesado, percibí que sus ojos se fijaban en otra cosa. Contestó de manera aprobatoria:

—De acuerdo, Chris, está bien.

Sin embargo, aunque se sentía auténticamente feliz por mí, en realidad no entendía lo que significaba «la búsqueda ha cesado».

Yo estaba más que feliz. Estaba calmado, contento y serenamente sorprendido por lo que había sucedido.

Desde ese día, la paz ha estado conmigo continuamente. Está acompañada de la sensación de que cuando observo el mundo estoy observando algo sagrado. Puedo sentir que las personas, los lugares, los objetos y toda la naturaleza se asientan en una profunda sacralidad. Incluso en los días más difíciles, siento la presencia de la paz, de algún modo, por debajo del tumulto. Me siento alineado con algo que está más allá de mis deseos, mis temores y las historias que me cuento a mí mismo acerca de la vida. Es como si alguien redujese el volumen de lo que está ocurriendo, no solo a mi alrededor, sino también en mi propia cabeza.

Como una brújula que siempre se alinea con el verdadero norte, mi ser interno está en un alineamiento permanente con una paz que es inteligente y vibrante. Después de esa mañana en que hablé en la cocina de mi madre, mi experiencia de la paz continúa creciendo, de manera lenta y amable, día a día.

Lo que me ha estado sucediendo durante todo este tiempo es algo que puede ocurrirle a cualquiera. Esto resulta estimulante, pues como muchas otras personas, siempre quería hacer del mundo un lugar mejor. Ahora sé que esto comienza con el descubrimiento de nuestro yo en paz.

La conciencia es la clave

Durante el festival de *jazz* de Montreal, que se celebra anualmente, me acerqué a un grupo de personas que se habían reunido frente a una tienda. En el escaparate solo se mostraba un artículo, que destacaba especialmente porque estaba anocheciendo y porque un rayo de luz caía directamente sobre él. Era una camiseta y lucía una serigrafía de una banana madura.

Debajo del dibujo había escrito: «Esto no es una banana».

El grupo que se había reunido en el escaparate estaba intentando adivinar qué significaba aquello, pues no parecía tener sentido. ¿Quizás se trataba de un fruto similar a la banana, como un plátano? ¿Era la banana algo simbólico, que contenía un mensaje oculto? ¿O tal vez el artista estaba ironizando?

A nadie se le ocurrió la respuesta más simple: no era una banana real, sino simplemente una camiseta con una imagen vistosa de una banana. Era una representación de la fruta, pero no la realidad.

Ahora piensa en la palabra *respirar*. ¿Cómo definirías el hecho de respirar? ¿Cómo lo describirías? Por ejemplo, ¿a qué se parece, a qué suena, cómo se percibe?

Sean cuales sean los pensamientos y las imágenes que tienes acerca de la respiración, déjalos de lado por un momento y simplemente pasa a tener conciencia de tu cuerpo. Siente el movimiento del aire al pasar por tus fosas nasales, tu garganta, tus pulmones. Observa que el aire que inspiras tiene una temperatura distinta de la del aire que expulsas. Siente el agradable movimiento de expansión y contracción de tu pecho en cada respiración.

Pensar en la respiración, tratar de describirla, no te ayuda mucho; en todo caso, quizás incluso te genere una cierta ansiedad. Sin embargo, si continúas permitiéndote experimentar realmente la sensación de respirar, finalmente sentirás un baño de paz que te embarga.

Observa la diferencia entre tus *pensamientos acerca de* la respiración y la *experiencia* directa del respirar. La mayoría de nosotros gastamos tanto tiempo en el mundo virtual de nuestros pensamientos acerca de nuestras experiencias que empezamos a confundir unos con otros.

De modo parecido, lo que la mayoría de la gente piensa de la paz no es más que un concepto abstracto. Es lo que imaginan que es la paz. Pero esto se halla lejos de la experiencia real de paz. De hecho, las imágenes virtuales que la mente se forma de ella no se parecen en nada a la realidad, porque el ego —la falsa idea que todos tenemos de nosotros mismos— bloquea nuestra percepción directa de la paz.

Yo puedo recordar momentos de gran calma en el pasado. ¿Es eso lo que entiendes por paz?

No cabe duda de que todos hemos tenido momentos de calma. Pero cuando llegaban esos momentos no eran algo que produjéramos nosotros *pensando* en la paz.

Con el tiempo, los recuerdos que tenemos de momentos en que nos sentimos tranquilos son sustituidos por escenas estereotipadas que se supone representan la paz. Esto ocurre porque una experiencia concreta de paz no es algo que podamos apresar, como si fuera un objeto. La verdadera paz no es un suceso, ni un pensamiento, ni una emoción. Es un rasgo constitutivo de quienes *somos*. Por este emotivo, la paz nunca nos abandona. En esos momentos en los que parece que la paz nos deja, somos nosotros quienes la dejan al alejar nuestra atención del instante presente. Carecemos de paz porque la mayor parte del tiempo ni siquiera nos damos cuenta de nuestro modo de comportarnos.

Cuando una pareja se enfrasca en una discusión acalorada, eso indica una falta de conciencia de su verdadero ser. La paz constitutiva de quienes verdaderamente son no ha sido destruida, simplemente ha quedado velada por los pensamientos y emociones egocentrados.

En una zona de guerra activa, llena de disparos, tanques en marcha y bombas que explotan, hay tanto miedo y rabia que la sutilidad de la paz queda oscurecida —aunque todavía permanezca allí—. La clave está en sintonizar con la paz que siempre está presente y observar lo que le ocurre a tu percepción de la situación —y a veces al mismo conflicto real.

Una vez experimentas la paz como tu estado fundamental, no puedes ya mirar del mismo modo las irrupciones de violencia. En lugar de albergar un sentimiento de desesperanza y hasta de desesperación, te resultará tranquilizador saber que, dado que la paz está tan cerca de nosotros, incluso en los momentos más oscuros, la situación del planeta es realmente muy esperanzadora.

No obstante, es cierto que algunas situaciones pueden hacerte sentir más en paz que otras. Al ver a un bebé durmiendo o al pasear por un bosque silencioso, puedes sentir mejor la auténtica profundidad de la paz que está presente. Incluso el simple hecho de pensar en ello puede hacer que te sientas mejor. Pero, aunque pensar en situaciones inherentemente pacíficas puede producir un breve sentido de bienestar, no puede compararse con el poder de la verdadera paz.

Y lo que es más importante: no es el bebé que duerme ni el bosque en calma lo que produce la paz, sino su abandono a la naturaleza y su falta de resistencia a la vida. Esto hace que la paz que está presente se torne más perceptible –como si la forma se volviese translúcida, revelando la realidad sin forma que hay debajo–. Apreciamos tales momentos porque resuenan con nuestro ser más profundo.

Un bebé durmiendo emana paz porque como todavía no se ha desarrollado su capacidad de pensar, no tiene esa «voz en la cabeza» con la que identificarse erróneamente. La vida puede expresarse plenamente como una conciencia impregnada de paz, sin ser obstaculizada por una falsa identidad personal –el ego–. El bebé se muestra entregado a lo que *es*, alineado con el «fluir de la vida».[2] Incluso cuando se despierta sobresaltado o hambriento, lo hace sobre un fondo de paz. Cuando está enfadado, no es tan fácil percibirlo.

Como un bebé que duerme o un bosque en calma, toda la naturaleza permite que la paz brille a través de ella, porque no hay resistencia al fluir de la vida —a lo que *es*—. La naturaleza habita plenamente el instante presente, la realidad misma, porque existe en un nivel de conciencia que no implica pensamiento.

El pensamiento aleja a nuestra especie de la realidad —del instante presente— y a menudo produce resistencia a lo que *es*. Esta incapacidad de vivir la vida, sin más, es lo que perturba nuestra conciencia de la paz.

Has hablado de resistencia al fluir de la vida. ¿Cómo exactamente estoy resistiendo a este fluir?

Pensando sobre tu vida. Desde nuestra perspectiva, la vida es «lo que está sucediendo», el ciclo aparentemente interminable de crecimiento y disolución que atraviesa todo cuanto existe. Pero la vida es también la inteligencia subyacente del universo, responsable de la creación de todo, desde las moléculas hasta las montañas, desde la hierba hasta las galaxias.[3]

Esta conciencia inteligente impregna cada átomo, cada célula y cada centímetro del espacio. Como fuerza que anima todo lo que existe, es la fuente de toda actividad, de todo esfuerzo. Mientras que nuestras mentes son incapaces de producir algo más que una representación de la realidad incompleta y a menudo distorsionada, la conciencia pura percibe las cosas tal como verdaderamente son.

Imagínate flotando por el río de la vida. Ahora imagínate poniéndote de pie en la corriente para tener una visión más amplia de dónde estás. Cuando lo haces, ya no estás fluyendo con la vida. Mientras estás de pie en el agua, en tu cuerpo crece una sensación de tensión y de incomodidad. Supone un estado de tensión –no pacífico– permanecer así. De manera parecida, el acto habitual de pensar aparta nuestra conciencia del fluir de la vida y nos provoca sufrimiento.

La mayoría de nosotros cree que necesitamos pensar sobre nuestras vidas, reflexionar, analizar e interpretar lo que sucedió, lo que está sucediendo y lo que puede suceder más adelante. Así es como trazamos nuestro camino a través de la vida. Sin embargo, cuando nos apartamos del fluir de la vida intentando pensar adónde deberíamos ir a continuación, no nos damos cuenta de que lo hacemos desde un punto de vista estático, que no puede saber lo que nos espera en la curva siguiente.

Una resistencia prolongada al fluir de la vida termina produciendo sufrimiento emocional y físico. Este sufrimiento es el modo que tiene la vida de decirnos que apartemos nuestra atención del mundo abstracto del pensamiento y nos volvamos a alinear con la realidad no interpretada de ese fluir. La inteligencia primordial, que no solo nos formó, sino que *es* ese fluir, sabe cómo navegar hacia nuestra expresión más plena.

Pensar sobre la vida, intentar comprender las cosas, generalmente se considera algo bueno, un signo de estar altamente evolucionado.

Sí, pero si la elevada evolución se muestra en nuestros actos, la velocidad a la que estamos destrozándonos a nosotros mismos y destruyendo el planeta no habla muy bien de lo evolucionados que estamos. Pensamos mucho, e incluso tenemos «laboratorios de ideas», pero no parece que seamos conscientes de las consecuencias de nuestros pensamientos y de las acciones que se siguen de ellos. No es que analizar algo e intentar comprenderlo constituya un problema en sí mismo. El problema solo surge cuando convertimos nuestras reflexiones, análisis, interpretaciones y conclusiones en una identidad —una imagen de nosotros que creemos necesitar para reafirmarnos o vivir según ella.

Seguro que has oído expresiones como «abre los ojos», «conviértelo en realidad», «búscate la vida», etc. Pero ¿te has parado a observar lo que tales expresiones dicen realmente acerca de nosotros mismos? Todas ellas tienen que ver con la idea de cómo pensar sobre nuestras vidas nos aparta del flujo de la vida. Señalan hacia cómo le decimos «no» a la realidad cuando sustituimos la conciencia por el pensamiento.

El error en una afirmación como «búscate la vida» es que la vida no es algo que necesitemos buscar, pues es lo que *somos*. ¿Cómo podemos buscarnos la vida, cuando somos la propia vida? En cuanto a la idea de convertir algo en realidad, es la voz en la cabeza la que nos dice que convirtamos algo en real, ¡evitando así que experimentemos la realidad! Nadie puede convertir algo en real a través de exhortaciones.

Lo que sí podemos hacer es relajarnos en la vida, relajarnos en lo real, simplemente permitiendo que lo que *surge*, sea. Cuando lo hacemos, la paz que es constitutiva de la conciencia inunda todo nuestro ser y entramos en una experiencia que podríamos entender como un estado superior de conciencia.

Igual que los humanos gozamos de una experiencia de la conciencia más intensa que nuestros primos los orangutanes, hay también diferentes grados de conciencia dentro de nuestra especie. Algunas personas muestran escasa conciencia de sí mismas y de lo que sucede a su alrededor, mientras que otras exhiben una conciencia considerablemente mayor. Ahora bien, sea cual sea nuestro nivel de conciencia es solo una experiencia parcial de la conciencia divina –la inteligencia universal– de la que todo es manifestación.

Como especie, justamente ahora estamos intentando evolucionar más allá de nuestra tendencia a convertir nuestros pensamientos en nuestra identidad. Cuando hacemos de los pensamientos nuestra identidad, permanecemos ciegos a la conciencia divina que es nuestra esencia. El proceso evolutivo nos está llevando desde el razonamiento humano hacia la conciencia pura, un estado de paz y armonía en el que fluimos con el gran río de la conciencia.

La búsqueda de paz personal y global que estamos presenciando en nuestra época es un reflejo de esta evolución de la conciencia humana que está teniendo lugar actualmente. Como especie, estamos moviéndonos poco a poco desde la identificación con nuestros pensamientos hasta la realización de que somos la conciencia llena de paz, la fuente de todas las formas que constituyen nuestra experiencia cotidiana.

¿Quieres decir que no deberíamos pensar
nunca en aquello que nos ha ocurrido?

No hay ningún problema por recordar nuestro pasado. El error es convertir cualquier suceso del pasado o del presente en nuestra identidad. Lo mismo es cierto de nuestros sueños para el futuro. Sueña, pero no hagas de eso tu identidad. Para ilustrar lo que quiero decir, ¿cuántas veces has estado en un café, en una fiesta o en una oficina, y alguien a quien acabas de conocer te dice: «Cuéntame cosas de ti»?

En una conversación así, entre los temas de los que podrías hablar está todo aquello que te sucedió en el pasado, la educación que recibiste, tus creencias religiosas y filosóficas y tus planes para el futuro. Y por mucho que digas, no habrás expresado nada de *ti mismo*.

En cualquier conversación de este tipo, de los miles de millones de episodios que nos han sucedido en nuestra vida, seleccionamos un puñado para dibujar un autorretrato y ofrecérselo al oyente. Si imaginamos la vida como un carrete de película que contiene millones de fotogramas, la historia que contamos de nosotros mismos consiste en un reducido número de imágenes, entrelazadas para formar una narración personal. Dicho de otro modo: unas cuantas docenas de personas o de sucesos, que han tenido un impacto, positivo o negativo, en nosotros, junto con una pequeña selección de ideas a las que hemos estado expuestos en nuestra cultura, sustituyen a la larga crónica de realidad que ha sido realmente nuestra experiencia.

Añadamos a esto el hecho de que incluso el escaso número de eventos que seleccionamos para contar lo que pensamos que es «nuestra historia» no presenta un cuadro completo de la realidad, sino que se les ha dado un sesgo interpretativo para que encajen en la imagen que queremos proyectar de nosotros mismos. Por ejemplo, cuando ocurre algo, lo vemos desde cierta perspectiva y lo recordamos de un modo determinado. Otros que estuvieran presentes en el suceso podrían experimentarlo de manera muy distinta, aunque solo sea porque lo están viendo desde un ángulo diferente. Cada individuo que presencia el suceso lo interpreta y reacciona a él basándose en el modo único en que su mente ha sido condicionada. Como cada uno de nosotros funciona con programas distintos –diferentes creencias e ideas sobre nosotros mismos y sobre nuestras vidas–; no podemos evitar ver esquemas que otros no ven y filtrar la realidad de una manera que solo nosotros somos capaces de hacer.

Puedes ver cómo funciona esto si tienes en cuenta cómo tus propias creencias han cambiado a lo largo del tiempo. Durante una vida, nuestras creencias pueden cambiar drásticamente, a veces invirtiéndose por completo. ¿Qué hechos pasados utilizas ahora para definirte, a diferencia de las ideas que mantenías hace veinte, treinta o cuarenta años?

Los sucesos definitorios y las queridas creencias que utilizamos para construir un sentido del «yo» no son más que una estrecha selección de huellas de recuerdos y pensamientos a los que estamos apegados.[4] Funcionan reforzando un falso sentido de nosotros mismos basado en un contenido siempre cambiante, de manera que lo que nos sucede configura lo que creemos, y lo que creemos afecta a cómo interpretamos lo que nos sucede.

¿Estás diciéndome que toda mi vida podría ser una mentira?

El modo como *interpretamos* la vida quizás podría decirse que es una mentira hasta cierto punto. Más exactamente, es algo distorsionado e incompleto.

La experiencia de «lo que me sucedió a mí» no solo queda falseada por nuestro filtro mental durante el acontecimiento real, sino que sigue distorsionándose posteriormente durante el proceso de consolidación de nuestros recuerdos. Hay un período de horas o días después de un suceso en el que los recuerdos son maleables y pueden ser alterados. A menudo, cómo recordamos algo está influenciado no solo por nuestros propios juicios y reacciones después del hecho, sino también por las interpretaciones de otras personas.

Pero es aún más complicado. Se creía que una vez los sucesos se almacenaban en la memoria a largo plazo, ya no tendían a sufrir alteraciones significativas. No obstante, ahora sabemos que el cerebro pasa por una fase inestable de consolidación de la memoria cada vez que traemos a la conciencia un recuerdo. Dicho de otro modo, parece que el acto de evocar un recuerdo para revisarlo una vez más lo expone a ese estado maleable en el que tiende a sufrir una alteración, y esto puede suceder una y otra vez.[5]

Cuando creamos una identidad a partir de unos recuerdos, eso significa que estamos constantemente extrayéndolos de la memoria a largo plazo y exponiéndolos a creencias particulares y esquemas reactivos de nuestra situación actual. Como consecuencia de ello, nuestro filtro mental puede distorsionar los recuerdos mismos que constituyen nuestra identidad. Dado que nuestras creencias y nuestras reacciones emocionales cambian a lo largo del tiempo, es probable que los recuerdos sobre los que hemos basado nuestra identidad tengan poco que ver con los sucesos originales que ocurrieron hace años.

Dada la maleabilidad de la memoria y el hecho de que la conducta humana está ampliamente controlada por un ego disfuncional, ¿qué nos enseña realmente un suceso acerca de quiénes somos verdaderamente?

¿Estás diciendo que la historia de mi vida no es importante?

«Mi historia», la que todos nos contamos a nosotros mismos, no es necesaria, y de hecho impide que tengamos conciencia de muchas asombrosas cualidades de nuestro ser esencial, como el amor, la alegría, la belleza, el asombro, la creatividad y la paz. Los detalles superficiales y cambiantes de nuestro ser —el qué, quién, dónde, etc.— son mucho menos importantes que estas cualidades eternas, ya que son estas las que hacen que valga la pena vivir la vida.

Un cambio en la conciencia —del pensar al ser consciente— proyecta luz sobre los acontecimientos de nuestra vida, revelando cómo nuestros intentos de «tener recuerdos» para darle sentido a nuestra vida son un sustituto de lo que verdaderamente buscamos —las cualidades esenciales de nuestro ser profundo.

Llega un momento en que experimentamos un cambio tal, respecto a nuestra anterior manera de entendernos a nosotros mismos, que a menudo se le llama «despertar espiritual» o «iluminación». No se trata de una experiencia religiosa, aunque pueda ocurrir en el marco de nuestra fe. A medida que este cambio a un nivel de conciencia superior va arraigando en nosotros, nos descubrimos comprendiendo nuestra mente y nuestro cuerpo como una expresión de nuestro ser profundo. Por ello, dejamos de identificarnos con nuestros pensamientos y con nuestras cambiantes emociones y pasamos a hacerlo con los estados más profundos constitutivos de nuestro ser —amor, gozo y paz.

Simultáneamente reconocemos que el instante presente es lo único que hay. El pasado y el futuro son meras abstracciones mentales. Totalmente presentes en este momento, experimentamos paz, plenitud, claridad, una alegría amable y un gran alivio por no tener que cargar más con nuestra historia personal. Como dije antes, incluso durante los momentos más difíciles permanecemos confiados por la presencia, en el fondo, de la paz profunda.

¿Puedes imaginar qué diferencia supone tal cambio en la vida de alguien que ha sufrido mucho por algún suceso del pasado? Por ejemplo, una trágica forma de abuso sexual que parece llenar los titulares estos días y que afecta a un gran número de personas de ambos sexos que han sido presas de depredadores sexuales. Los abusos a manos de sacerdotes, padres u otras figuras de autoridad parecen una horrenda traición a la confianza. Aunque resultan devastadores, lo que hace que sean todavía más trágicos es el modo en que nuestra cultura nos enseña a convertirlos en parte de nuestra identidad. El hecho de que una persona haya sufrido abusos, sea durante un breve instante o por un período de años, llega a definir a esa persona, aparentemente destrozando para siempre la calidad de su vida.

Cuando alguien que ha padecido abusos sexuales reconoce que lo que le ha ocurrido y cómo se ha torturado por el recuerdo de tales sucesos no tiene nada que ver con su ser esencial, el alivio que experimenta es inmenso. Tiene la oportunidad de comprender que quien realmente es nunca ha sufrido abusos, y esta realización puede llevarle a una conciencia de la paz que nunca le ha abandonado —una paz en la que se puede entrar incluso cuando el abuso está teniendo lugar, si una persona se halla muy presente—. Estar presente de este modo, consciente de que esto no le está ocurriendo a nuestro verdadero ser, es totalmente diferente de provocar una disociación bajo el impacto del trauma.

A partir de ahí, tales individuos ya no piensan en sí mismos como víctimas —ya no se definen por lo que les sucedió, a menudo hace tiempo.

¿De modo que el sufrimiento emocional que he sentido todos estos años es innecesario?

Cuando el gran sufrimiento implica la violación y el abuso del cuerpo físico, estamos ante uno de los mayores retos a los que un ser humano puede enfrentarse. Nadie quiere restarle importancia a lo que has debido de pasar. Ni que decir tiene que fue terrible, quizás incluso insoportable. Y, a pesar de eso, también es cierto que no tenemos por qué sufrir toda nuestra vida cuando nos ocurre algo de este tipo.

Ahora bien, al decirte que todo ese sufrimiento es innecesario, percibo que algo en ti no desea escuchar que no es necesario que el dolor que has experimentado se convierta en una pesada carga para toda la vida. Puede que una parte de ti se identifique realmente con ser una víctima. Esto no es tan infrecuente. Si este es el caso, es importante que comprendas en qué consiste tu resistencia a sentir la paz y la alegría que constituyen tu ser verdadero.

Reconozco el libro de Eckhart Tolle *El poder del ahora* como el catalizador de mi propio despertar y de la toma de conciencia de muchas realidades, incluyendo una subpersonalidad que Tolle llama «el cuerpo del dolor».[6]

El cuerpo del dolor es la razón por la que muchos de nosotros, en un grado u otro, somos atraídos a la idea de «estar heridos», «haber sufrido abusos» o «ser víctimas», a veces hasta el punto de llevar tal identidad como si fuera una medalla al valor. Esta subpersonalidad de dolor procedente del pasado, no liberado, incluye patrones de conducta de los que a menudo somos inconscientes, pero que nos arrastran a situaciones que incluso generan más dolor.

Cuando el sufrimiento emocional no se observa, acepta y libera plenamente, no termina de irse. Al contrario, se acumula, convirtiéndose finalmente en una masa de dolor. Igual que nuestros pensamientos inobservados, nuestras emociones no observadas se convierten en parte de nuestra identidad. De ese modo, las emociones negativas intensas sobreviven en nuestro campo de energía como una entidad semiautónoma, el cuerpo del dolor. Podríamos pensar en él como un *alter ego*.

Si has oído a alguien decir: «Está fuera de sí, lleno de rabia», se trata de esta entidad semiautónoma –este *alter ego*– a la que me estoy refiriendo. Esa persona está tan llena de rabia que es como si emergiera alguien diferente que no es realmente quien nosotros sabemos que esa persona es.

Estamos apuntando hacia el mismo fenómeno cuando decimos: «Hoy no es ella». Está tan consumida por la tristeza, la ansiedad o cualquier otra emoción perturbadora que le preocupe que parece ser una persona distinta. En otras palabras, el poder del cuerpo del dolor deja de ser un fenómeno inobservado y se apodera de nosotros sin que nos demos cuenta. Más tarde podemos sentirnos avergonzados por lo que dijimos o hicimos y sentir la necesidad de disculparnos profundamente, o incluso compensarlo.

Cuando percibimos que un estado de ánimo oscuro desciende sobre nosotros, se trata también del cuerpo del dolor. Puede ocultarse en la negatividad cotidiana, como la impaciencia, el resentimiento, la culpa o la tristeza. La emoción negativa a menudo está acompañada de pensamientos llenos de «debería» como cuando nos decimos a nosotros mismos: «Eso no debería haber ocurrido nunca» o «No era de esperar que esto sucediera». En esencia, estamos diciendo «no» a la realidad. Y resistirse a lo que *es* no puede sino generar más angustia.

Igual que «el pensador» en nosotros necesita más pensamiento para sobrevivir, el cuerpo del dolor pide más dolor para continuar existiendo. *Necesita* sentirse herido, y de manera característica, emerge de vez en cuando para darse un banquete de negatividad, especialmente de dramas. En ese momento, los detalles de una situación pueden parecer tremendamente importantes, hasta el punto de engendrar discusiones e incluso romper relaciones. Ahora bien, el sentimiento de «urgencia» o de «rectitud» que experimentamos en esos momentos no es sino el cuerpo del dolor que emerge con nuestros pensamientos para producir más dolor del que alimentarse, para perpetuarse. Observa cómo los detalles de «quién hizo qué» son menos importantes cuando el cuerpo del dolor retrocede –no porque la situación haya cambiado, que puede que no lo haya hecho, sino porque su apetito de energía negativa se ha satisfecho temporalmente.

Cuando somos poseídos por el cuerpo del dolor, en cierto sentido estamos reviviendo las heridas de nuestro pasado. Constreñidos por este pesado filtro, somos incapaces de percibirnos a nosotros mismos o a los demás con claridad. En este estado profundamente alterado, realmente estamos sedientos de negatividad y experimentamos una especie de placer al sentir más sufrimiento. Una vez el almacén de negatividad del cuerpo del dolor se ha llenado, vuelve a un estado latente, esperando la próxima oportunidad para sentirse ofendido o victimizado, de manera que pueda alimentarse de nuevo, y así perpetuarse.

Una vez abandonamos el estado profundamente inconsciente del cuerpo del dolor, generalmente volvemos a nuestro nivel normal de funcionamiento —aunque en algunas personas, el sufrimiento y la disfunción son tan crónicos que el cuerpo del dolor permanece activo la mayor parte del tiempo. Puede verse esto en quien se siente triste la mayor parte del tiempo, en quien está continuamente ansioso o en el adicto a la cólera.

¿Podemos liberarnos de este dolor procedente del pasado?

La buena noticia es que el cuerpo del dolor puede disolverse del mismo modo que cualquier otro aspecto de nuestro falso personaje.

Sean cuales sean los pensamientos o las emociones que surjan, lo que hay que hacer es permitirles completamente ser como son. Estando muy atentos, les prestamos toda nuestra atención, sin reaccionar ni interpretar lo que está ocurriendo. La clave está en llevar nuestra atención a las sensaciones de presión, de urgencia o de «corrección» que estamos experimentando, sin darle voz a la historia de víctima que el ego ofrece para acompañar a esas sensaciones. Atender a las sensaciones físicas silencia nuestros pensamientos y calma nuestras emociones, trayéndonos de nuevo al momento presente.

Hay otra razón por la que la negatividad parece proceder de la nada para dejar caer un estado de ánimo perturbador sobre nuestras percepciones. Como en el nivel más profundo todos estamos interconectados, esto implica que existe un campo de energía colectivo del dolor.[7] Poseemos un cuerpo del dolor grupal como especie, como nación, como sexo, como raza o como familia. La crueldad, las atrocidades y los abusos sufridos por una colectividad permanecen en el campo de energía de cada miembro de esa colectividad como un trasfondo de dolor. A medida que, de uno en uno, nos vamos haciendo conscientes de este dolor colectivo, la paz que es parte de nuestra verdadera naturaleza comienza a sustituir el nivel de dolor de los varios subgrupos con los que nos identificamos.

El cuerpo del dolor no puede sobrevivir a la luz de nuestra conciencia. Por tanto, cada vez que dirigimos nuestra conciencia hacia él, disolvemos un poco más de nuestro pasado doloroso, hasta que todo residuo ha desaparecido completamente.

Una vez comprendemos esto, podemos descansar ante el hecho de que cuando el «yo egoico» y la otra cara de esa misma moneda, el cuerpo del dolor, desaparecen, muchos de nuestros mejores rasgos de la personalidad y nuestras capacidades seguirán ahí, pues han sido siempre un reflejo de nuestro verdadero ser y no del ego, que falsamente afirmaba que estas cualidades eran suyas.

La próxima vez que alguien te diga: «Háblame de ti mismo», si realmente quieres hablarle de ti mismo, comprueba si puedes identificar la sensación de ser permanente, la sensación de estar vivo y consciente por debajo de la cambiante historia del «yo». Quien tú *eres* es esta consciencia viva y vibrante. Desde ahí ya no necesitarás basarte en ideas grandiosas de ti mismo –e incluso menos en todo aquello que has sufrido.

Hay una realidad más profunda

En este mundo hay más de lo que habitualmente percibimos. Si estás leyendo este libro, tú, como yo, probablemente has sido un buscador durante toda tu vida.

En mi adolescencia estaba fascinado por los libros sobre espíritus, ¡hasta el punto de que un amigo y yo intentamos grabar sus voces en un cementerio por la noche! Más tarde, determinadas obras sobre adivinación me llevaron a ofrecer lecturas con las cartas del tarot, por diversión. Después, en los años noventa me interesé por la sanación energética, los cristales de cuarzo, el poder de la visualización y las tradiciones de sabiduría de los pueblos indígenas.

Aunque ninguna de esas investigaciones me llevó a la realización que estaba buscando, bucear en tales territorios me condujo finalmente a la conciencia de un campo de energía viva. Descubrí también que tenía la capacidad de obtener guía interna de lo que parecía ser una parte más sabia de mí mismo.

Cuando comencé a jugar con el movimiento de la energía en mi cuerpo, combinándolo con una forma casera de meditación, se produjeron algunas experiencias gozosas y sanadoras que me permitieron trascender temporalmente mi sentido de mí mismo como individuo.

Motivado por estos estados, inusuales pero agradables, quise aproximarme más a este aparente «otro reino», de modo que en el año 2000 hice un retiro de ayuno en los Alpes bávaros. Al décimosexto día de lo que sería un ayuno de treinta y tres días experimenté un largo momento de claridad sagrada.

Todo lo que miraba en la habitación del hotel parecía «hablarme», revelando la verdadera identidad que se escondía tras su disfraz físico. Era como si la pared, la manivela de la puerta, la cama y mi propio cuerpo dijeran que eran Dios. En otras palabras, detectaba en todas las cosas una profundidad vibrante.

Como pude *sentir* esta dimensión más profunda de la realidad, este intenso momento de claridad que había experimentado inició mi investigación de quién era realmente, así como el deseo de querer comprender qué había detrás de esas experiencias inusuales y poderosas.

Quiero enfatizar que a partir de entonces esta experiencia de la dimensión profunda de todas las cosas no fue como las alturas eufóricas que había vivido en Bavaria. Por el contrario, era silenciosamente poderosa, profundamente confortable, y revelaba que los misterios de la existencia no se hallaban en el exterior, en algún dominio mágico, sino justo aquí, en los sucesos y los objetos más mundanos. Por esta razón, cuando volví de Bavaria, mi interés en perseguir experiencias cumbres disminuyó y me sentí más atraído hacia la simpleza de la meditación.

Al cabo de un mes de volver a casa, hacia finales del año 2000, encontré *El poder del ahora*, e inmediatamente reconocí que me guiaba en la dirección que yo necesitaba ir. El libro de Eckhart Tolle ponía de manifiesto que estando presente podía evitarse el incesante pensar y reaccionar de mi mente. Esto me permitiría experimentar directamente mi naturaleza pacífica profunda. Pude darme cuenta de la idea de «yo», con su necesidad de mantener una autoimagen, y simplemente *ser*. Cuando di este paso, resultó que, en el nivel más profundo, yo soy —todos somos— parte de la conciencia que es la fuente de toda la creación, lo mismo que había experimentado en Bavaria.

Esta realización tuvo un profundo efecto sobre mí. La atracción que mi pasado ejercía sobre mí desapareció. A medida que lo hacía, mis preocupaciones por el futuro también comenzaron a perder su control sobre mí. Todavía me sentía como *yo*, pero sin necesitar mis recuerdos o mis sueños de futuro para tener una identidad. Cada vez me sentía más cómodo con el aquí y el ahora, y hallé que era fácil estar presente. De hecho, hacía falta mucho esfuerzo para perderme en el pensamiento durante un cierto tiempo.

A diferencia de Eckhart, mi despertar no incluyó ningún suceso traumático, como una «noche oscura del alma» o algún otro tipo de crisis. Aunque hubo un momento al principio, cuando me di cuenta de que estaba harto de hablar, de pensar y de leer acerca de la iluminación y decidí «andar mi propia palabra», por así decirlo, el hecho de pasar de identificarme con mis pensamientos y emociones a vivir en el presente sucedió gradualmente entre 2001 y 2003.

Lo que estás describiendo es lo mismo que creer en Dios, ¿no es así?

No exactamente. El problema de creer en Dios es que tiende a cerrar el paso a la experiencia directa de Dios de la que he estado hablando. Esto se debe a que el ego recrea a Dios a su propia imagen.

Si pensamos en los dioses y diosas de las distintas religiones, tienden a ser deidades que necesitan que se las tema y se las adore. A menudo, menospreciando el mundo e insatisfechas con la humanidad, despliegan la misma volubilidad emocional que el ego de los individuos que las inventaron.

Obviamente, no todo el mundo cree en Dios. Los no creyentes simplemente creen en algo diferente. A la mente egocentrada no le importa en qué creamos, mientras toda nuestra atención esté consumida por el pensamiento. Adorar nuestros pensamientos , al igual que adorar a algún tipo de dios, mantiene vivo al falso yo.

Puede sorprenderte oír decir que no hay más necesidad de creer en Dios que de creer en nuestra mano. De hecho, si te preguntara si crees en tu mano, estoy seguro de que te parecería una pregunta extraña. Y eso se debe a que no necesitas creer en algo que ha sido siempre una parte de tu cuerpo. Simplemente, no se trata de «creer» en algo que *sabes* que es una realidad.

Cuando alguien le pregunta a una persona que experimenta lo Divino si cree en Dios, esto le suena tan extraño como que le pregunten si cree en su mano. Esta persona no necesita creer en Dios, ya que sabe que ella misma es una expresión del propio ser de Dios. No necesitamos pensar constantemente sobre lo que estamos experimentando –el hecho de que Dios *es* y que en el nivel más profundo Dios y los seres humanos somos uno.

A diferencia de las deidades que la gente adora generalmente, Dios no tiene tamaño ni forma, no tiene nombre, ni sexo, ni cuerpo. Y esta realidad adimensional y sin forma es la base de nuestra existencia. Puedes comprobarlo por ti mismo simplemente sintonizándote plenamente con el momento presente. En ausencia de tu ruido mental y tu torbellino emocional comenzarás a percibir tu verdadera naturaleza, que resulta ser la conciencia sin forma que es la fuente de todo.

Para que puedas hacerte una idea de lo que quiero decir cuando afirmo que todo surge de la fuente sin forma, imagínate viajando a través de una zona del espacio exterior plagada de estrellas y que te encuentras con algo que parece un largo río negro del que la luz no puede escapar. De este abismo una neblina vaporosa burbujea constantemente saliendo de él y regresando a él. La neblina representa el nacimiento potencial de formas a partir de este río sin forma. Cualquier parte de esta neblina que queda fuera el tiempo suficiente, en el frío del profundo espacio, se congela, adoptando una forma concreta, y se pone en camino hacia el universo. Un potencial de la existencia se ha actualizado, al menos durante un tiempo. La permanencia sin forma ha creado formas impermanentes, que en unos casos pueden durar nanosegundos y en otros casos miles de millones de años.

Puede que no te hayas pensado a ti mismo como «uno» con la fuente sin forma que da lugar a todas las formas del modo representado por esta imagen, y sin embargo la experiencia directa de tu naturaleza ilimitada ha estado siempre disponible. Al hacernos conscientes del instante presente, la atemporalidad de cada momento nos permite la experiencia de la inespacialidad sin forma del ser mismo.

¿Habría sufrimiento si no tuviéramos creencias? No cabe duda de que las creencias impiden que nos desboquemos.

Muchos ven sus creencias como uno de los aspectos más importantes de sus vidas. Sin embargo, el hecho de que miles de millones de personas mantengan creencias firmes no ha evitado el sufrimiento en el mundo. Al contrario, no hay más que mirar el índice de sufrimiento, personal y global, para reconocer que el caos es una realidad para la mayoría de la humanidad, a pesar de sus creencias.

No es coincidencia que un mundo basado en creencias esté lleno de caos y sufrimiento. El problema es que la humanidad se identifica con una serie de pensamientos, convirtiéndolos en creencias. Y a partir de ahí, nuestras creencias se transforman en los pilares del ego, que nos considera un mundo en nosotros mismos, separados de todos los demás, y por tanto libres para cometer todo tipo de crueldades con otros seres humanos, con las demás criaturas con las que compartimos el mundo y con el planeta mismo. Es este mismo falso yo el que genera el malestar, la confusión y la angustia que tantos de nosotros experimentamos.

A veces se piensa que las creencias sostenidas firmemente son la base de los valores. Pero estos no son más que nociones acerca del modo «correcto» de conducir nuestras vidas. Sin embargo, el sufrimiento personal y global que vemos por todas partes evidencia que una moralidad basada en lo que algunas personas piensan –y nos dicen que deberíamos pensar– es un pobre sustituto de la moralidad natural que emerge espontáneamente cuando estamos enraizados en la conciencia pacífica que constituye nuestro verdadero ser.

La conciencia de lo que significa vivir una vida armónica, junto con un sentido que nos muestra cuándo nuestra vida está desequilibrada, procede de más allá de nuestros pensamientos. La moralidad natural inherente a la existencia misma emerge cuando el falso yo y sus conceptos de moralidad o fracasan o ya no son dominantes. Es por ello por lo que las características de la consciencia –cualidades como paz, sabiduría, compasión y alegría– formarán la base de la moralidad en el próximo estadio de la evolución de la conciencia humana.

¿Disfrutar de una conciencia colectiva no evitaría que viera algo como mal? No puedo fingir que todo es perfecto cuando el mundo está lleno de hechos terribles.

Ir por la vida confundiendo «la voz en la cabeza» con quien soy contribuye a un mundo de hechos terribles.

Una vez reconocemos que somos expresiones de una realidad sin forma única, acusar a otra persona de ser malo es tan útil como juzgar que tu mano es mala. De hecho, porque los conceptos mentales de bueno y malo, o correcto e incorrecto, refuerzan la ilusión de ser entidades separadas, más que expresiones de una realidad única, siempre han fracasado a la hora de producir la armonía que buscamos. Como lo «bueno» o lo «correcto» de una persona es lo «malo» o lo «incorrecto» de otra, la lucha constante por determinar qué es cada cual ha terminado en confusión, angustia y violencia interminable, tanto a escala personal como global.

Desde la perspectiva superior de la conciencia sin forma, que es la fuente de todo cuanto existe –la unidad de la que todos somos parte–, algunas acciones promueven el sufrimiento, mientras que otras promueven la paz. Las personas que producen sufrimiento, a sí mismas o a otras, no se dan cuenta de lo que hacen, porque son inconscientes de que, en el fondo, son una con aquel a quien están infligiendo el daño. El grado de conciencia de nuestra verdadera naturaleza como parte de la unidad de la que todo ha brotado, determina si actuamos de manera que se perpetúe nuestra ilusión de separatividad o si abrazamos a todos los demás como manifestaciones de la inteligencia que constituye el núcleo de la realidad. Un camino conduce al sufrimiento. El otro a la paz.

Podría decirse que «bueno» es aquello que promueve la paz que acompaña a la conciencia de nuestros verdaderos yoes, mientras que «malo» es aquello que produce el sufrimiento que resulta de resistirse a la realidad. Ahora bien, como la realidad no es tan claramente blanco y negro, es mejor limitar el uso de palabras como *bueno*, *malo*, *malvado*, *correcto* o *incorrecto* para evitar confusiones y polémicas innecesarias.

¿No podría formar parte de la mente todo eso de lo que estás hablando?

La realidad a la que me refiero tiene vida más allá de la limitada versión de ella que tenemos en nuestras mentes. Esta realidad ofrece el espacio necesario para que la mente exista.

La conciencia no necesita la mente para existir, mientras que la mente no sería posible sin la conciencia. Lo que digo forma parte de la mente porque las palabras son pensamientos expresados. Sin embargo, la realidad a la que apuntan las palabras no tiene nada que ver con los sonidos que salen de nuestras bocas ni las imágenes que tenemos en nuestras mentes.

Si la mente fuera lo único que existe, no la conoceríamos. Necesitamos algo que *no sea* mente para poder reconocer lo que la mente *es*. Por ejemplo, si señalas un objeto y declaras que «esto es una lámpara», estás reconociendo también –sin decirlo– que hay cosas que no son lámparas y también existen, incluyéndote a ti mismo.

El hecho de que percibamos el cambio evidencia que hay algo que no cambia.[8] Sin algo permanente en el trasfondo, que ofrezca perspectiva y contraste, no podríamos percibir formas como las galaxias, las personas, los lugares, la naturaleza, los objetos, los sucesos, los pensamientos y las emociones, porque todo esto es impermanente. Sin embargo, este «algo» que hay en el trasfondo realmente no es una cosa (es una no cosa). Es conciencia y se da cuenta de todo.

Una razón por la que parece que no haya nada más allá de la mente es que sus contenidos dan la impresión de ser constantes, de modo que un pensamiento sigue a otro. Los pensamientos y las emociones se combinan para crear la historia del «yo» y las creencias asociadas a esa historia. Cuando nuestra narración personal se convierte en un impenetrable muro de contenidos, perdemos la conciencia del espacio silencioso del que surgen todos los pensamientos y emociones. En la medida en que somos incapaces de percibir los espacios entre nuestros pensamientos, hemos perdido el contacto con nuestro ser verdadero. La historia del «yo» ha suplantado a la experiencia directa de nuestra verdadera naturaleza. Un miedo subconsciente a dejar de existir si cesamos de pensar mantiene nuestra atención absorta en los contenidos de nuestras mentes.

¿Estás diciendo que la atención y la conciencia son modos de describir lo que soy?

Sí. Esas palabras describen eso que no tiene forma. Lo único que no tiene forma alguna es la conciencia de la que hemos surgido y de la que cada uno somos una manifestación.

El concepto de «atención» ha quedado reducido a describir el foco mental, cuando en realidad estar verdaderamente alerta exige una mente en completo silencio. La atención es conciencia, expresada de modo único en cada uno de nosotros. Podría decirse que la atención es la conciencia consciente de sí misma.

Observar «la voz en nuestra cabeza» es el comienzo del fin de nuestro ego, nuestro falso personaje, con su necesidad de creencias y valores basados en el pensamiento, ya que su poder deriva, en gran medida, de pasar inadvertido. La historia del «yo» comienza a disolverse, fragmento a fragmento, y sin embargo nosotros seguimos ahí, vivos e intactos.

Con el tiempo nos damos cuenta de que la conciencia es más que un refugio pacífico de la angustia creada por el pensamiento. En ese lugar silencioso percibimos un sentimiento muy familiar. Y se ve con toda claridad que este espacio de paz constituye nuestra verdadera identidad.

Qué son realmente las emociones

Potencialmente, nuestro estado natural es un estado predominantemente de «no pensamiento», en el que una conciencia inteligente dirige la vida sin esfuerzo y utiliza el pensamiento solo durante breves períodos, antes de volver a la conciencia pura del momento presente. Este estado existe ya, esperando a que nuestra evolución espiritual lo reconozca.

Las emociones son, en gran medida, una reacción ante el pensamiento. Incluso cuando una emoción se desencadena directamente, antes de que el pensamiento pueda percibirla, no se convierte en un problema hasta que comenzamos a contarnos a nosotros mismos una historia acerca de la situación. Solo se vuelve problemática cuando la mente egoica empieza a interpretar, o más bien a malinterpretar, lo que está ocurriendo.

Las emociones frecuentemente desencadenan un efecto físico. Esto es así porque, a pesar de lo inteligente que es el cuerpo, no sabe que lo que está ocurriendo en nuestra mente no está sucediendo en realidad fuera de nosotros. Por eso, pensar en una situación terrorífica puede acelerar nuestro corazón y hacernos sudar como si tuviéramos una pistola puesta en nuestra sien. Sin embargo, cuando el cuerpo produce una reacción física a un suceso virtual que ocurre en nuestra cabeza, no está alineado con la realidad.

Cuando el pensar se vuelve rutinario o compulsivo, lo que empieza como una serie de reacciones emocionales inofensivas a nuestro pensamiento se puede convertir en un estado crónico de malestar. El pensar incesante nos aparta del alineamiento con nuestro estado naturalmente en paz y esto se registra en el cuerpo como tensión e incomodidad. Aunque la mente egoica intenta liberarse de este malestar, no tiene mucho éxito, porque los intentos mismos de hacerlo oscurecen la conciencia, nuestro verdadero estado.

Mientras no sepamos quiénes somos en nuestro núcleo central, estaremos mal alineados con nosotros mismos. Por ello, la autoayuda nunca alcanza el éxito. Las imágenes y las afirmaciones positivas ofrecen solo un alivio temporal, porque no llegan a la causa de nuestra angustia. De hecho, las afirmaciones repetidas pueden empeorar el problema, pues refuerzan la identificación con el pensamiento, lo cual, a su vez, aumenta nuestra alienación respecto de nosotros mismos. Cuanto más intentamos pensar positivamente, más frustrados nos sentiremos al no lograr el alivio que buscamos.

¿Quiere decir eso que estás contra el pensamiento positivo?
Podemos utilizar el pensamiento positivo en ciertas ocasiones, cuando todavía somos nuevos en el cultivo de la

conciencia del momento presente, pero hay que saber que sus beneficios son limitados y proporcionarán rendimientos decrecientes.

El pensar constante produce mucha emoción. Incluso cuando nuestros pensamientos son positivos generan emociones que a menudo no están alineadas con lo que realmente sucede. Cuando el pensar y la emoción que puede dar como resultado siguen adelante sin ser verificados, lo que comienza como un ligero malestar puede convertirse en sufrimiento, tanto físico como mental.

Para aliviar esta incomodidad creciente, la mente busca soluciones en el único lugar que conoce —el mundo que nos rodea—. También esto se muestra fútil, pues todo lo que hay a nuestro alrededor es una forma, de un tipo u otro. Podemos buscar a otra persona con la esperanza de que nos haga felices. O podemos volvernos hacia el alcohol, el tabaco, los tranquilizantes o cualquier otra adicción, actividad compulsiva o forma de distracción. Nada de esto funciona durante mucho tiempo, pues solo el alineamiento con la conciencia sin forma, nuestro verdadero ser, puede devolvernos a un profundo estado de bienestar.

Esto resulta obvio cuando podemos observar cómo una emoción desaparece simplemente por prestarle atención —es decir, sentir su realidad física—. No decimos ni hacemos nada para cambiar la situación que creemos nos ha alterado, sino que en lugar de eso vamos dentro de nosotros mismos para estar en el momento presente, en el que una apacible claridad revela que nuestras heridas emocionales eran, en gran medida, autoinfligidas. El malestar que sentimos siempre tiene menos que ver con lo que está sucediendo a nuestro alrededor que con el hecho de que nuestros pensamientos están resistiéndose a ello.

Desde nuestra perspectiva egoica, parece que la resistencia y el rechazo deberían alejarnos del dolor y el sufrimiento. Esto se debe a que no nos damos cuenta de que la resistencia a algo, incluyendo el cuerpo, es todavía apego a eso mismo. Nuestro rechazo de algo nos incrusta más profundamente en el reino de las abstracciones y asegura la continuación de nuestro sufrimiento.

Una emoción no puede mantenerse a menos que se confine, se restrinja y permanezca inobservada. Ahora bien, observar una emoción directamente, permitirle que sea como es, puede ser difícil debido a las potentes historias con que se relacionan nuestras emociones –historias de las que a menudo no somos conscientes–. En consecuencia, cuando prestamos atención a las sensaciones que una emoción produce y no a las historias relacionadas con ella, creamos espacio y comienzan a disiparse.

Cuando comiences a sentirte abrumado, dirige tu atención a una parte periférica de tu cuerpo, como los pies, la parte trasera de las rodillas o los codos. Y siente esa parte tan profundamente como puedas. Observa que hay poco sufrimiento, o ninguno, más allá de las fronteras de la emoción. Sin embargo, todavía puedes experimentar una sensación de vivacidad más allá de esas fronteras, lo cual significa que tú no eres la emoción –no eres esta «energía en tensión» que se halla confinada sobre todo en determinadas partes de la cabeza y la espalda.

Tú eres el espacio tranquilo en el que las emociones, las sensaciones y los pensamientos se producen. Lleva la atención, alternadamente, del centro de la emoción a la periferia de tu cuerpo hasta que la emoción se disipe y te sientas lo suficientemente seguro y cómodo para dirigir tu atención a cualquier otra parte del cuerpo.

¿Por qué hay veces que una ola de negatividad me inunda sin razón alguna?

Aunque tal negatividad parece no tener causa, en realidad tiene una. Simplemente somos incapaces de observar la fuente de una determinada emoción, porque nuestra narración personal es muy continua, sin fisuras. Como un pensamiento sigue inmediatamente a otro, el hecho de que nuestro incesante pensar esté produciendo constantes reacciones emocionales pasa desapercibido —tanto que se considera normal, e imaginamos que todos esos pensamientos y las emociones que desencadenan *es lo que somos*—, y los etiquetamos como «yo».

No solo el «pensador» desea sobrevivir, sino también «el que reacciona» —el «yo» emocional, ya que el ego no está constituido únicamente por nuestro pensamiento, sino también por las emociones resultantes y esa otra cara de la moneda que es el cuerpo del dolor—. Volviendo a la cuestión del abuso sexual, por eso, según la afirmación de un famoso animador infantil, algunos de los individuos de los que abusó aseguraron que sus vidas habían sido irreparablemente dañadas. Según el testimonio de uno de ellos, incluso el hecho de que lo tocasen de manera inapropiada «alejó de mí el sentimiento de poder volver a ser normal alguna vez». Algo que puede haber durado solo unos instantes se convierte, de este modo, en una identidad.

El «yo» emocional está hecho, en gran medida, de una negatividad que ni siquiera los momentos de placer y de satisfacción pueden superar. Aunque temporalmente enmascarado, el sentido general de malestar que yace bajo la superficie nunca desaparece.

Dices que podemos conocer nuestra verdadera naturaleza sintiéndola. ¿Te refieres a emociones o a sensaciones físicas?

Aunque «sentir» puede referirse a ambas cosas, insisto en las sensaciones físicas y en un sentimiento profundo de bienestar que trasciende las emociones. Por ejemplo, la presencia de paz puede reflejarse en el cuerpo como una sensación física placentera. Esta sensación placentera resulta de una reducción de la tensión que está inscrita en el cuerpo al resistirse a lo que *es*.

Ahora bien, la experiencia directa de nuestro yo consciente incluye más que una sensación física. A medida que nuestra conciencia va pasando de las formas a lo sin forma, las sensaciones corporales, que son físicas en la superficie de la realidad, se perciben como menos densas, más bien como un campo de energía. Un profundo «saber» que somos más que esta forma corporal limitada acompaña a estas sensaciones físicas. Cuanto más reconocemos nuestro ser ilimitado, más accedemos a sentimientos de paz, plenitud y gozo.

Muchos piensan en el gozo como si fuera una emoción. No obstante, como la paz, el gozo es inherente a lo que somos. Es un rasgo constitutivo de nuestro estado de ser, como lo son el amor, la sabiduría y la creatividad. No se origina en lo que sucede, sino que es incausado. Sin embargo, como fluye a través de nosotros de una manera parecida a la emoción, tendemos a confundirlo con ella. De hecho, generalmente suponemos que el gozo es una versión más fuerte de la emoción temporal llamada felicidad.

La paz puede hacer posible una reacción emocional como la felicidad, el entusiasmo o bien un cierto alivio, y sin embargo ya sabes que no es una emoción, sino que forma parte de nuestro ser mismo. Cuando lo permitimos, la paz que está ya en todas partes hace su aparición. Aunque la paz impregne esta dimensión, no se ve afectada por ella, porque es la *fuente* de esta dimensión.

Piensa que un pez no sabe que está en el agua, porque esta constituye todo su entorno —ia menos, desde luego, que se trate de un pez volador, que momentáneamente puede salir del agua!

Se puede sentir paz simplemente como una emoción, pero una constituye nuestra naturaleza permanente, y la otra una ola temporal de energía que atraviesa tu cuerpo.

Nuestros estados fundamentales pueden considerarse como distintos rostros de lo divino —o como las múltiples facetas de un diamante—. De modo parecido, palabras como *gozo*, *paz*, *amor*, *sabiduría* y *creatividad* describen la fuente única de todo cuanto existe desde perspectivas ligeramente distintas. La cuestión es que, dado que estos estados están siempre presentes, podemos sintonizar con ellos en cuanto dejamos de pensar.

La presencia de cualquiera de estos estados significa que el ego ha dejado de estar activado, al menos durante ese tiempo. Cuando reaparece, invariablemente intenta darle un sentido al estado que acabamos de experimentar. Puede conceptualizarlo como una experiencia «trascendente», sin darse cuenta de que aquello que percibe como trascendente es nuestro estado natural.

Si es uno de tantos estados del ser ¿por qué enfatizar la paz?

Cuando venimos del ego, en lugar de hacerlo de nuestro ser verdadero, estamos completamente absortos en los movimientos de la mente —en nuestros pensamientos y nuestras reacciones emocionales—, hasta el punto de que comenzamos a creer que el contenido de la mente es lo que somos.

Nuestra intención es salir del pensamiento y de las reacciones emocionales. Pero no queremos hacerlo de una manera «combativa». Al contrario, es importante no olvidar que esta actividad mental incesante es nuestro punto de partida en el camino hacia la paz, que se encuentra solo en el momento presente.

Cuanto más profundizamos en la experiencia de la paz, más fácil es descansar en el momento. Atender a la calma de la paz es muy útil para aquietar los movimientos de la mente —nuestros pensamientos y reacciones emocionales—. Cuando entramos en esta calma, nos hacemos conscientes de nuestra verdadera naturaleza como *ser*.

El amor y el gozo, que como la paz son rasgos constitutivos de nuestro ser, se perciben generalmente como experiencias en movimiento de la mente, como emociones. Para asegurarnos de que estos movimientos de la mente —nuestros pensamientos enmascarados de conciencia o nuestras emociones imitando los estados más profundos de amor, paz y gozo— no nos engañan, podemos centrarnos directamente en la calma y el silencio de la paz. Sin embargo, para algunos, esto podría resultar un poco sobrecogedor al principio.

Hay un enfoque alternativo que todos podemos utilizar muy fácilmente. Un aspecto fundamental de la paz es su sutilidad. Podría decirse que la naturaleza de la paz consiste en ser lo más sutil de todas las formas. Y cuando nos centramos en lo más sutil es más fácil observar los pensamientos y las reacciones emocionales que experimentamos y llegar a reconocer que somos la presencia observadora de estos movimientos, y no la propia actividad mental.

¿Qué significa centrarse en lo más sutil de las formas? Me refiero, por ejemplo, a escuchar la propia respiración, prestar atención a los sonidos más silenciosos del entorno, suavizar la mirada para percibir el espacio vacío a nuestro alrededor y quizás la mota de polvo que flota en el aire, percatarnos del espacio vacío entre las letras de esta página o salir fuera de casa y escuchar el canto de los pájaros o el susurro de la brisa.

Dicho de otro modo, cuando profundizamos en cualquier experiencia, incluyendo nuestras experiencias en movimiento, no podemos evitar encontrar la paz silenciosa dentro de ellas. Reconocemos el «ser inmóvil» y permanente que somos.

Cuando sucede algo sorprendente o impactante, mi respuesta emocional es el resultado de un suceso real, no de un pensamiento.

El estímulo o el impacto inicial no es problema. El problema es lo que hacemos con eso a continuación, cuando empezamos a pensar sobre ello. En la medida en que estamos profundamente identificados con nuestros pensamientos y emociones tendemos a reaccionar con una interpretación mental, como aprobación o reprobación, aceptación o rechazo.

Para la mente egoica apenas hay diferencia apreciable entre el pensamiento abstracto y la realidad auténtica. Sin embargo, la realidad auténtica es realidad no interpretada. En este estado experimentamos lo que *es* desde nuestra condición natural de *no pensamiento*. Sin el filtro de interpretaciones, reacciones o un falso sentido del «yo», percibimos las cosas tal como son. Todo aquello que constituye nuestra vida, incluyendo nuestro cuerpo, se muestra entonces como representaciones superficiales de un misterio mucho más profundo.

Los sentimientos que experimentamos señalan hacia una realidad más profunda que es imperceptible para los sentidos. Dicho de otro modo, la paz y el gozo que sentimos son solo la punta del iceberg, ya que el cuerpo humano limita el modo en que podemos experimentar la totalidad de la realidad subyacente de la que somos expresiones.

Si pensamos en una flor, sabemos que emite una fragancia constituida por las mismas moléculas que la flor misma. En realidad, la fragancia es una extensión física de ella más allá de sus pétalos. Sabemos que hay una flor cerca de nosotros incluso en una habitación totalmente oscura, en la que no podemos verla. La cuestión es que la flor es mucho más que su fragancia. La fragancia es solo un aspecto, una dimensión de la existencia de la flor. Del mismo modo, el saber impregnado de paz que experimentamos es solo una pequeña muestra de la misteriosa conciencia de la que todo ha surgido. El cuerpo, que nos permite experimentar nuestra naturaleza sin forma, limita también esta misma experiencia.

Nuestras ideas de la paz tienen poco que ver con su realidad. Incluso cuando llegamos a conocer la paz a través de la experiencia directa, nos hacemos conscientes del gran misterio que siempre será.

Pensemos en la inteligencia infinita que, en última instancia, es la totalidad de la realidad. No hay manera de salir fuera de ella para percibirla, ya que lo incluye todo. No *tiene* «exterior». Mientras seamos finitos, nuestra experiencia de la unidad última de la realidad será limitada.

Aunque podemos no identificarnos ya con nuestro cuerpo, como si fuera todo lo que hay, todavía sentimos y percibimos a través de él. Cuanto más profundamente nos sumergimos en la experiencia de conciencia pura, menos pensamos en nosotros como nuestro cuerpo, y más conocemos y comprendemos nuestra verdadera naturaleza. Ahora bien, igual que la flor no menosprecia su fragancia, tampoco la persona que está en contacto con este yo profundo menosprecia su cuerpo. Simplemente reconoce que es solo una expresión temporal de lo que verdaderamente es.

En la medida en que me identifico con el pensador en mi cabeza, siento que necesito conceptos y metáforas que me indiquen la dirección correcta.

Entonces, permíteme que te dé otra. Sígueme en la siguiente conversación:

—¿Has mirado hoy por la ventana? –pregunta alguien.

—Sí. En este momento está nublado –contesta otra persona.

—Pero ¿dirías que también hay mucha luz?

—Desde luego, estamos a primera hora de la tarde.

—Ya que estamos de acuerdo en que todavía hay mucha luz, ¿podrías enseñarme algo de esa luz?

La persona señala con gestos hacia el cielo y responde:

—La luz está en todas partes, rodeándonos.

—Ese señalar hacia el espacio fue algo muy vago e impreciso. ¿Podrías señalar un trozo específico de esa luz?

—Pues... no. Me temo que no puedo. No es algo que podamos dividir en trozos o sostener en nuestras manos.

Como la luz, la paz es una totalidad indivisible, un fenómeno único que está en todas partes simultáneamente. Por eso no tiene sentido hablar de *mi* luz o *tu* luz, ni de la luz de Manhattan o la luz de Miami Beach. Tampoco existe *mi* paz o *tu* paz. La paz en Times Square es la misma que la paz en la plaza de Tiananmen, aunque no se reconozca hasta que alguien la experimente.

Del mismo modo que tenemos la capacidad de salir de una habitación oscura y experimentar la luz del día, podemos salir de la oscuridad de nuestra inconsciencia –la ausencia de conciencia– y experimentar nuestra verdadera naturaleza, que es paz.

Si te paras a pensarlo, te darás cuenta de que en realidad no podemos ver la luz del día. Solo lo que entra en contacto con ella. Podemos mirar a nuestro alrededor y ver objetos, personas y lugares en los que la luz se refleja, y eso nos habla de su presencia, aunque en sí misma sea invisible. Pues bien, la paz es como la luz del día, en el sentido de que a menudo solo se reconoce por lo que ilumina.

Una persona iluminada por la paz se da cuenta de que no se limita a ser su cuerpo y su mente. Ahora puede ver con claridad que es una con la paz. Esta es la razón por la que, al observar a una persona iluminada, una profunda serenidad parece emanar de ella. Muestra también una amable aceptación de cada uno de los seres y situaciones que encuentra. No opone resistencia.

La luz del día es la evidencia, en un día nublado, de algo más grande, que es, obviamente, el sol. Al estar compuesta de los rayos del sol, es la extensión física del propio sol. Así como la luz del día no la ha creado nadie de este planeta, la paz profunda que sentimos en nuestro interior tampoco es algo que nosotros elaboremos. Más bien, es la evidencia de la presencia de una realidad última que es la Conciencia-Paz. E igual que, en última instancia, no hay distinción entre el sol y sus rayos, tampoco hay distinción entre la paz que experimentamos y la fuente de paz.

Estos ejemplos pretenden llevarnos más allá de una mente que cree poder apresarlo todo. Sé consciente de su tendencia a sobrevalorar las palabras y aferrarse a ellas, palabras que señalan hacia nuestra verdadera naturaleza, pero que la mente intenta comprender sin aplicarlas ni encarnarlas. La alta estima en que la mente se tiene a sí misma se revela en nuestro empleo de la expresión «estar fuera de su mente», en el sentido de «estar fuera de sí», refiriéndose a la locura. En realidad, la locura es el estado en el que uno está de forma obsesiva *en* su mente, identificado por completo con los propios pensamientos.

Creer que somos «la voz en la cabeza» da como resultado un gran sufrimiento personal, por no hablar de la conducta cruel e irracional que provoca sufrimiento global. Solo cuando salimos de nuestra mente y nos hacemos conscientes de la realidad podemos ver la locura de nuestras maneras de ser habituales y experimentar paz.

En conclusión, podríamos decir que «la paz de la mente» que buscamos es, en realidad, la paz de la *no mente*.

Capítulo
5

Tu interruptor de «apagado»

Afortunadamente, la vida nos proporciona una especie de interruptor para apagar el *software* que funciona de un modo permanente en nuestras mentes. Este interruptor es el cuerpo.

En calidad de cuerpos físicos, estamos rodeados de innumerables formas, que van desde montañas, lagos, océanos, selvas, campos y desiertos hasta nuestras propias creaciones en forma de ciudades, transportes y comunicaciones. Con tal cantidad de objetos y escenarios para fascinarnos, es fácil quedar absorto en el mundo más allá de nuestro cuerpo, hasta el punto de olvidar que este constituye nuestra geografía primordial.

Cuando perdemos el contacto con el paisaje centrado en nuestra persona, transitamos por la vida percibiendo nuestro cuerpo solo parcialmente y de manera periférica. En ese estado, las sensaciones físicas que experimentamos parecen relacionadas con partes del cuerpo y órganos determinados. No nos damos cuenta de que, a una mayor profundidad, estas sensaciones superficiales son manifestaciones de un campo de energía vivo y único. Un número cada vez mayor de personas tienen conciencia ya de que es posible percibir esta viveza sutil constantemente.

Es esta escisión, esta divergencia entre el cuerpo y la mente, lo que experimentamos como falta de paz. Una parte de nosotros está aquí, mientras otra parte no lo está. Divididos de este modo, estamos condenados a sentir ansiedad.

La buena noticia es que, aunque en nuestra cabeza podamos estar en otra parte, el cuerpo se queda siempre aquí, en el momento presente. Podemos estar perdidos en el pensamiento o atrapados en una reacción emocional, pero si apartamos nuestra atención de los pensamientos y emociones y sentimos las sensaciones físicas de nuestro cuerpo, automáticamente nos encontramos estando presentes una vez más —y con la presencia llega la paz.

Por decirlo de otro modo, estar presente es estar anclado en lo *real*. Enraizados en la realidad, somos menos propensos a los juicios y reacciones que producen angustia y por tanto bloquean nuestra conciencia de la paz, esto es, la esencia de nuestra constitución.

Es como si el hecho de hacernos presentes perforara algunos agujeros en los contenidos de nuestra mente, que nos mantiene encerrados en sus muros, y abriera espacio entre nuestros pensamientos y nuestras emociones. Puesto que nuestra narración personal no es ya una corriente de pensamiento impenetrable, sin fisuras, obtenemos la capacidad de distinguir entre lo que es real y lo que es imaginario, y al fin dejamos de torturarnos con nuestros pensamientos y las emociones que generan.

¿Y los pensamientos no son parte de la realidad?

Los pensamientos se refieren a lo real, lo auténtico. Podríamos concebirlos como una simulación. Como tal, constituyen una copia abstracta del original, que es algo que solo puede experimentarse en la realidad del momento presente.

Para ilustrarlo, para volver a un ejemplo antes citado, ninguna palabra, imagen o pensamiento acerca de un pomelo puede compararse con el sabor, el olor y la textura de un pomelo real, que solo podemos disfrutar al comerlo. La experiencia directa sucede –siempre– solo *ahora*.

El momento presente, al que podemos acceder a través de una conciencia corporal profunda, es el interruptor que permite apagar al pensador y su interminable narración de «yo y mi historia». Cuando la mente se calma, una inteligencia más profunda y silenciosa emerge y descubrimos que este estado de paz ha existido siempre ahí. A menudo se lo denomina «la paz de Dios» y ahora la reconocemos como la paz de ser uno con la inteligencia que dio nacimiento al cosmos.

¿Puedo simplemente centrarme en el momento presente para alcanzar la paz?

¿Quién se encargaría de que te centraras? Sería el ego, el impostor que prefiere convertir las técnicas en un ejercicio mental. No tiene interés en hacerse consciente del cuerpo, y en realidad se siente un poco amenazado por ello.

Algunas personas eligen centrarse en un mantra, una vela, una flor o algún otro objeto para distraerse del pensamiento.

También aquí, una vez más, estarías utilizando tu *software* mental para intentar centrarte en el presente –la acción misma que evita que seas consciente.

Cuando comenzamos nuestra valoración de la realidad desde la posición por defecto del pensamiento, somos incapaces de distinguir lo que es abstracto de lo que es real. El pensamiento se interpone entre nosotros y la realidad, engañándonos al hacernos creer que percibimos el momento presente con claridad, aunque esto no es cierto. Dado que utilizar la mente como un filtro distorsiona nuestra percepción de la realidad, pensar sobre el presente nos aleja más de la conciencia que buscamos y la paz que la acompaña.

Por el contrario, el cuerpo siempre forma parte de nuestro entorno habitual, de lo que *es*. Como siempre está en el momento presente, es nuestra referencia básica de la realidad –la clave para distinguir lo que es real de lo que es imaginario, como las historias que nos contamos en nuestra cabeza–. Ignorar nuestro cuerpo es continuar resistiéndonos a la realidad, de manera que la conciencia de nuestro inherente estado de paz se vuelve imposible.

Aunque la conciencia del cuerpo es esencial para descubrir nuestra verdadera naturaleza, paradójicamente no somos el cuerpo físico que percibimos y creemos ser. En la búsqueda de la paz, tanto personal como mundial, el cuerpo no puede evitarse. Debemos pasar por el cuerpo para ir más allá de él, hasta nuestra esencia en paz, y experimentar directamente la paz que es nuestra verdadera naturaleza. De ese modo nos damos cuenta de que cada uno somos una expresión del espacio infinito en el que el cuerpo, la mente y todas las otras formas existen. Somos la atención misma, el observador silencioso que se halla detrás y dentro de todas las cosas. Somos quien observa la interacción entre objetos, pensamientos y emociones, tanto desde «dentro» como desde «fuera», por así decirlo. Dirigir la atención al espacio vacío que te rodea te proporcionará una mejor idea de qué eres que mirarte en el espejo.

Como el aire que respiramos, la paz está tanto dentro de nosotros como a nuestro alrededor. Dicho de otro modo, la paz no es personal, de la misma manera que introducir aire en los pulmones no hace que sea «mi» aire. Al hacernos conscientes de que la paz no tiene forma y no está ligada a ningún lugar particular, ningún tiempo, ninguna experiencia, descubrimos también que nuestra existencia no se limita al cuerpo físico. Así, vemos por nosotros mismos que la paz puede hallarse en todas las personas, todos los objetos, todos los sucesos.

Más allá del torbellino del mundo, en la superficie, hay paz. Saber que todos somos parte de esta paz universal nos inspira para crear las manifestaciones físicas y las estructuras sociales de la paz y la armonía global.

Si es tan importante sentir el cuerpo, ¿cómo puedo estar seguro de estar realmente percibiéndolo?

La experiencia *sentida* del cuerpo te ayudará a descubrir que eres mucho más que tu limitada versión mental de «yo y mi cuerpo». Para darte alguna idea de cómo funciona esto, te pregunto: ¿estás sintiendo tus pies, justo ahora? Si prestas atención a tus pies, probablemente descubrirás que empiezas a sentirlos, al menos un poco. Ahora, ¿puedes sentirlos «desde dentro», por así decirlo? ¿Puedes sentir un cosquilleo energético sutil —algo vivo— en cada una de sus partes? La gente, a veces, me dice que puede sentir ciertas partes de sus pies, especialmente cuando la piel está en contacto con los calcetines o los zapatos.

El hecho de habitar plenamente el cuerpo comienza cuando podemos experimentar sensaciones físicas sin generar interpretaciones mentales ni reacciones emocionales ante esas sensaciones. Simplemente estamos mirando, escuchando y siendo. En este espacio silencioso, si mantenemos nuestra atención sobre nuestras sensaciones físicas, percibiremos nuestro cuerpo como un campo de energía viva vibrante, que paradójicamente tiene también la cualidad de la profunda quietud, que es característica del momento presente. Es posible sentir esta viveza sutil a lo largo del cuerpo casi todo el tiempo, incluso durante una conversación o cuando realizamos cualquier actividad.

Cultivar la presencia a través de la conciencia corporal profunda no es algo que la mayoría de la gente encuentre fácil, porque la mente egoica se resiste a cualquier cosa que pudiera conducir a su disolución. Ahora bien, cuando relajamos el cuerpo, se vuelve más fácil sentir esa vivacidad en su interior. Con la atención anclada en esa viveza, la mente se aquieta y volvemos al momento presente. En este estado pueden transcurrir nuestros días sin reaccionar ni a la gente que hay alrededor ni a los sucesos que acontecen. Tampoco seguimos repitiendo el bucle del pensamiento disfuncional sobre nuestro pasado infeliz o nuestro futuro incierto.

Una vez sientes verdaderamente tu cuerpo, la presión incómoda será poca o ninguna, pues no habrá prácticamente resistencia a lo que *es*. No habrá tensión psicológica por esperar el momento siguiente ni por pensar en lo que podría o debería haber sido. La presencia de una paz vibrante y una claridad mental te acompañarán, independientemente de la situación en que te encuentres.

¿Y qué pasa si mi cuerpo se siente incómodo?

La vida utiliza no solo las palabras, el arte y la naturaleza para despertarnos del sueño del «yo»; utiliza también el malestar físico para informarnos de que estamos resistiéndonos a la realidad del momento presente.

Cuando experimentamos el cuerpo a través del filtro de la mente, la vida envía un mensaje de malestar físico en el que nos avisa de que hemos perdido el alineamiento con la realidad. En otras palabras, está indicándonos que nuestra conciencia de lo que *es*, que incluye el cuerpo, se ha convertido en algo parcial y periférico. El malestar sigue aumentando en intensidad mientras permanezcamos perdidos en el ámbito abstracto del pensamiento y la emoción.

A menudo, el «yo» mental malinterpreta esta señal y concluye que tenemos que olvidarnos del cuerpo, cuando en realidad el cuerpo que sufre nos está pidiendo que le prestemos más atención de alta calidad, no menos. Él, realmente, no quiere el exceso de diversión, comida, sexo, drogas, medicamentos, etc., al que lo exponemos, para aliviar temporalmente nuestro sufrimiento. Desea atención de nuestro ser esencial, pues todo sufrimiento termina cuando volvemos a la paz.

Cuando permanecemos profundamente presentes, estamos tan en paz que ningún sufrimiento es posible.

Si nos encontramos bajo las garras del «yo» mental, puede parecer que estemos sintiendo nuestro cuerpo *demasiado*, hasta el punto de que puede resultar insoportable estar recluidos en él. Sin embargo, lo que es «demasiado» es nuestra resistencia mental a la realidad, que reverbera en el cuerpo como sufrimiento emocional.

Dices que no tenemos que sufrir, pero ¿qué pasa con el dolor físico?

Los accidentes y las lesiones son parte de la vida; el dolor es inevitable. No obstante, cuando experimentamos dolor, podemos sentir también el consuelo tranquilizador de una paz profunda por debajo de él. Aceptar completamente lo que *es*, incluyendo el dolor, permite que emerja la paz. En cierto sentido, el espacio que se crea reduce la intensidad de la energía en tensión, que es lo que el dolor es. Incluso el dolor emocional ocasionado por una pérdida reciente se puede sentir y aceptar, y se le puede permitir pasar a través de nosotros bastante rápidamente.

El dolor que procede de reacciones mentales, a largo plazo, a lo sucedido en el pasado o a lo que pueda suceder en el futuro es diferente. Esto es sufrimiento y puede evitarse. Cuando estamos presentes, el dolor no se convierte en una «historia de una víctima» que después se añade a nuestra identidad de víctima –una identidad hecha de dolor no resuelto de nuestro pasado que se ha convertido en sufrimiento psicológico y emocional crónico–. Si nuestro sufrimiento, construido por la mente, continúa sin ser observado, puede manifestarse como dolor o enfermedad corporal.

Independientemente de los orígenes del dolor –un daño físico reciente o una herida emocional antigua–, habitar el momento presente aumenta nuestra conciencia de la paz, lo cual, a su vez, reduce la intensidad del dolor que sentimos.

Cuando hablas de la mente, ¿incluyes el cerebro?

A veces, en conversaciones informales, la gente utiliza estos términos de manera intercambiable, aunque en realidad son diferentes.

El cerebro es la contraparte física del campo de energía de la mente, mientras que esta última es de una frecuencia superior a la del mundo de los objetos sólidos. El cerebro es la manera principal en la que como seres físicos participamos en el campo universal de la conciencia, mientras que la mente es conciencia localizada que ha sido condicionada por su proximidad al cerebro, el órgano que utiliza. Podríamos concebir la mente como una mesa de dibujo virtual en la que se elabora nuestra comprensión de la realidad. Funcionando como un simulador, recrea la realidad como un holograma que facilita la reflexión y el análisis.

Lo virtual está pensado para ayudarnos a navegar por la realidad —si bien, como tiende a centrarse en el análisis del pasado y a preocuparse por el futuro, es extremadamente limitado en su capacidad de entenderla—. El pasado y el futuro son pensamientos e imágenes que se refieren a la realidad, pero no tienen existencia fuera de nuestra cabeza. No es más fácil hallar un trozo de futuro en la hierba de lo que es beber una copa fría de pasado. Pasado y futuro solo parecen tener existencia concreta porque la mente se pone de acuerdo con las mentes de otras personas en utilizar nuestro *software* «tiempo». Aplicamos este programa medidor del tiempo a la realidad sin darnos cuenta de que lo hacemos.

Para hacerte una idea del papel de la mente, piensa en los iconos que aparecen en la pantalla de una cámara fotográfica digital y que indican la hora, la fecha, la cantidad de luz, la velocidad de exposición, etc. Están ahí para ayudarnos a medir la realidad a la que estamos mirando a través del visor. ¿Acaso están esos iconos impresos directamente en la persona, la montaña o la casa que estás fotografiando? No, no son parte de la realidad, sino que son meros conceptos.

De una manera parecida, nos comportamos como si los números del reloj fuesen rasgos naturales del cielo azul y como si las montañas apareciesen con mediciones de altura físicamente grabadas en su roca. Por comodidad, etiquetamos las rotaciones de la Tierra, aunque nunca podamos tocar un jueves, ni sostener este año en nuestras manos, porque son solo ideas. Lo único que existe es el fluir constante de la vida, teniendo lugar ahora. Si dejásemos a la vida seguir su curso, simplemente permitiendo que sea, sin nuestro filtro interpretativo, la experimentaríamos como la maravillosa realidad que es.

Como se halla, en gran medida, separado de nuestra conciencia del cuerpo, nuestro sentido del yo se ha retirado al área que hay por encima del cuello y que se asocia con el cerebro. Sin embargo, descubrimientos en nuevos campos de la medicina, como la neurocardiología y la neurogastroenterología, revelan que el cerebro no se limita al espacio situado en el interior de nuestro cráneo. El sistema nervioso existente en el aparato digestivo se reconoce ya como *un cerebro por derecho propio*.[9] Literalmente sentimos y «conocemos» con nuestras tripas.

Se calcula también que más de la mitad de todas las células del corazón son neuronas como las que se hallan en nuestro cerebro. Estas células se reúnen «en pequeños agrupamientos neuronales conectados a través del mismo tipo de axón-dendrita que forma los campos neuronales de nuestro cerebro».[10] El corazón no solamente se comunica con el resto del cuerpo a través de estas conexiones neuronales, sino que también tiene una conexión neuronal directa con el sistema límbico del cerebro.[11] De modo que si, por una parte, el cerebro informa y dirige al corazón, por otra parte, el corazón, de manera similar, informa y dirige al cerebro. Por esta razón, llevar la conciencia al área del corazón es esencial si queremos utilizar todo nuestro cerebro. A medida que el corazón se abre y se relaja, el resto del cuerpo también se vuelve más receptivo.

Quizás el corazón pueda informar al cerebro sobre las condiciones de otros órganos y otros procesos fisiológicos. ¿Qué papel puede desempeñar el corazón a la hora de comprender la filosofía, la arquitectura, la teoría musical o las matemáticas?

El modo como el sistema cerebral se extiende por todo el cuerpo refleja el campo de energía de la mente, que impregna y abarca todo el organismo. Así pues, en cierto sentido, utilizas todo el cuerpo para comprender el mundo que te rodea, incluso las palabras que estás leyendo ahora. Así que cuando restringes la conciencia de tu cuerpo, restringes tu cerebro, lo cual, a su vez, limita lo que la mente puede comprender.

La constricción del área del corazón adormece la conciencia y limita la comprensión. Esta área incluye no solo el pecho, que contiene el corazón y los pulmones, sino también el campo de energía alrededor del corazón. Aunque a la ciencia le queda mucho por descubrir acerca de la energía sutil del corazón, los investigadores pueden medir ya sus frecuencias. El corazón produce un campo electromagnético que impregna el cuerpo con las frecuencias de su energía y se extiende hacia fuera hasta una distancia de unos cuatro metros y medio.[12] Un electrocardiograma es capaz de registrar este campo de energía desde un metro de distancia sin electrodos que toquen el cuerpo.

Este campo de energía es de naturaleza holográfica, lo cual significa que cualquier punto dentro del campo «contiene información de todo el campo».[13] En otras palabras, los científicos están descubriendo ahora lo que los sabios han intuido durante miles de años: que el corazón es la puerta de entrada a la realidad total. De hecho, la ciencia supone que todo lo que tiene tamaño y forma, desde los átomos hasta los planetas, así como el universo mismo, posee un campo de energía holográfico cuya totalidad existe en el interior de cualquiera de sus partes.

Este campo de energía generado por el corazón es el portal principal del cuerpo, a través del cual recuperamos la inteligencia superior de la conciencia pura. Las tradiciones filosóficas orientales lo conciben como un vórtice, llamado *chakra*, a través del cual la paz, el amor y la sabiduría característicos de la conciencia universal se infunden en el cuerpo.

Mientras que una conciencia corporal limitada significa autoconciencia limitada, cuanto más abierto y receptivo es el cuerpo, más acelera el corazón el proceso de comprensión, ayudándonos a ir más allá del ámbito físico para acceder a la inteligencia universal de la que todo surge.

La información, el conocimiento y las aptitudes no comienzan como conceptos abstractos, sino como energía proyectada desde la fuente de todo saber, la conciencia pura.

Aunque puede que no nos demos cuenta, cuando realmente comprendemos algo, experimentamos brevemente nuestra unidad inherente con la frecuencia energética del tema o la habilidad en la que nos hemos centrado. Esto aparece en la mente como intuición, que luego puede desarrollarse en entendimiento, conocimiento y habilidad. Tener acceso rápido a tal intuición contrarresta nuestra ansiedad al no saber qué hacer, lo que acrecienta en gran medida nuestra capacidad de estar en paz en cualquier situación.

Dicho de otro modo, además de crear significado y contexto a partir de los datos sensoriales proporcionados por el cerebro, el campo de energía del corazón puede saltarse la conciencia limitada y condicionada de la mente y permitirnos el acceso a la sabiduría inherente al campo de la conciencia universal.

Un corazón que utiliza todo el espectro de frecuencias disponibles puede resonar también con el campo de cualquier otra forma y alinearse con su esencia. Dadas todas las incomprensiones que tienen lugar entre los seres humanos, imagina la paz que esta resonancia proporciona a las relaciones de una persona.

¿Significa esto que cuando aprendí 2+2=4, estaba utilizando mi corazón y el resto de mi cuerpo para fundirme con la ecuación?

Cuando fuiste más allá de la memoria mecánica y comprendiste realmente que $2+2=4$, tu cuerpo –y en particular el área del corazón– se relajó y se abrió brevemente para darte acceso al campo de energía universal en el que existe toda la información.

87

Como no había nadie lo suficientemente autoconsciente para señalar el papel de tu cuerpo en la comprensión de esta ecuación, todo crédito fue al cerebro que tienes en tu cabeza. Sin embargo, si hubieras sabido dónde buscar, probablemente habrías lanzado un suspiro, al mismo tiempo que un «¡ajá!» o un más suave «¡ah!» acompañado de un sentimiento de expansión. Es muy habitual que la gente haga tales sonidos cuando finalmente comprende algo.

No es casualidad que sean también los sonidos que la gente hace cuando expresa alivio. El alivio llega cuando se reduce la tensión en el cuerpo y, de ese modo, se siente menos resistencia a la realidad.

Respecto al $2+2=4$, podemos decir que la frecuencia de tu energía se armonizó con la frecuencia de esta ecuación concreta, así como con los principios universales de la combinación y la suma, los campos implícitos en el campo de energía de esta fórmula. No solo aprendiste esta ecuación específica, sino que también profundizaste tu comprensión de cómo las cosas pueden medirse y cómo relacionarse entre sí.

Después de tal epifanía, el rápido retorno del filtro del ego y de los niveles de protección que hay alrededor del corazón, que son una forma de resistencia, limitan tu capacidad de convertir un «saber» holístico en información que tenga sentido para tu mente. Por tanto, cuanto más tiempo podemos mantener el cuerpo relajado y, por ello mismo, el corazón más receptivo, más amplia es nuestra comprensión. En otras palabras, conocer algo plenamente exige racionalizarlo menos y encarnarlo más.

Dicho esto, es importante incidir en algo insinuado en un capítulo anterior. Aunque podemos tener un aprecio muy profundo hacia una persona, un objeto, una experiencia o un concepto, ningún tipo de información puede crear nunca una comprensión total de algo cuya naturaleza más profunda es sin forma y, por tanto, incognoscible para la mente.

Hay ondas invisibles rodeándonos que transportan bibliotecas de información que proceden de nuestras radios, televisiones, teléfonos y ordenadores y que van a ellos. Del mismo modo, la inteligencia y la sabiduría supremas de la conciencia universal nos llegan en ondas de amor y de paz. Podemos no solo entrar en nuestro cuerpo para cultivar la conciencia del momento presente y la paz que la acompaña, sino también dirigirnos al interior para tener acceso a la información más avanzada que el universo puede ofrecernos. Esto incluye datos prácticos para ayudarnos en nuestra vida diaria, soluciones a problemas globales y genio creativo que preparará el camino para el mundo de nuestros sueños.

Así como dirigir nuestra atención a cualquier parte del cuerpo puede calmar la mente, sentir el área del corazón resulta especialmente efectivo cuando se trata de ver a través del velo de los contenidos de la mente. Un corazón abierto crea una mente abierta.

¿Puedes ayudarme a hacerme más consciente de mi cuerpo, ahora?

Habitar plenamente el cuerpo y vivir en el instante presente no es, en realidad, un *hacer*, sino un *deshacer* la falsa personalidad. No necesitas crear un estado de paz; simplemente abandona lo que bloquea la conciencia de tu yo naturalmente en paz.

Piénsalo de este modo. Tú «practicas» ser el falso «yo» todo el día, sin darte cuenta de que lo haces. Cultivar la presencia a través de la conciencia corporal actúa como un contrapeso a las muchas horas del día que estás inmersa en tu narración personal.

Una de las razones por las que la agitación mental interfiere en la conciencia del cuerpo y la paz que procede de ello es que no creamos suficientes espacios vacíos en nuestra corriente de pensamientos, que —desde luego— contiene la historia personal de nuestro «yo». Incluso aquellos que tratan de habitar su cuerpo tienden a limitar su práctica consciente a uno o dos períodos breves, como por la mañana y por la tarde. Esto permite que la mente egoica funcione sin obstáculo alguno durante la mayor parte del día.

La respuesta es llevar conciencia a cada parte de nuestra vida. Hay modos de salir de nuestros pensamientos y nuestras emociones, para percibir la paz clara del momento presente, ya estemos comprando en la tienda de comestibles, viendo la televisión, trabajando o en medio del tráfico. Cultivando la conciencia del cuerpo frecuentemente a lo largo del día, reducimos la agitación mental que inhibe la conciencia más profunda del cuerpo.

A su vez, esto permite que nos demos cuenta de que podemos funcionar de forma eficiente sin que nuestro *software* mental esté constantemente implicado. Con el tiempo desarrollamos una relación de confianza con la claridad pacífica que al principio es un refugio de nuestro pensar y nuestro reaccionar incesantes. Finalmente reconocemos este silencio vibrante como nuestra esencia más profunda.

Más adelante entraré en detalles respecto a cómo podemos utilizar el cuerpo para hacernos conscientes. De momento, detenerte de vez en cuando para aflojar tus músculos y sentir tu respiración te permitirá acceder a la paz que procede de estar presente en cada momento. Después de leer cada capítulo, comprueba el estado de tu mandíbula, tus hombros y tu plexo solar, y aflójalos cuando sea necesario. Siente el movimiento del aire en tus fosas nasales y tu garganta. Observa también si puedes sentir físicamente la ropa que llevas.

La clave es prestar más atención a las sensaciones del cuerpo que a los pensamientos y las reacciones ante lo que estás haciendo. El estado de alerta requerido para sentir la realidad de las sensaciones físicas te hará entrar en la claridad llena de paz del momento presente.

El papel de tu cuerpo en el despertar a la paz

Una vez enfatizada la trascendencia del cuerpo, es igualmente importante comprender que *tú no eres tu cuerpo*. Como el cuerpo es una asombrosa maravilla de belleza y genio que refleja el amor y la sabiduría de la conciencia universal de la que todos somos parte, es comprensible que, además de confundirnos con la mente, creamos que somos nuestro cuerpo.

Que en nuestro ser esencial no somos nuestro cuerpo puede verse examinando la naturaleza temporal de nuestro vehículo físico. Para ilustrarlo, podemos tener en cuenta que el cuerpo que tienes ahora no es el mismo que el que tenías de niño. No solo has aumentado de tamaño y tu apariencia ha cambiado, sino que prácticamente todas tus células corporales se han sustituido multitud de veces. Por tanto, no tienes la misma piel, ni el mismo cabello, ni los mismos ojos, ni las mismas uñas, ni la misma sangre, ni siquiera los mismos huesos. A pesar de todos estos cambios, el sentido de «yo» ha permanecido durante todos estos años. Es como si la vida te concediera periódicamente un trasplante de cuerpo total, por así decirlo. Aunque el cuerpo que ahora habitas es muy distinto del que tenías cuando eras niño, ¿no eres todavía, de una manera única, tú?

Millones de personas caminan por el mundo sin apéndice y, sin embargo, siguen siendo una persona completa. A otros les han extirpado el bazo o la vesícula, o bien han donado un riñón. No solo nuestros riñones, también nuestros pulmones y nuestro hígado pueden sustituirse por los de otra persona. Nada de esto cambia nuestra experiencia de ser nosotros mismos.

Si no tuvieras brazos, piernas u ojos, ¿contestarías todavía si alguien pronunciase tu nombre? Desde luego, lo harías. De hecho, hay quienes pasan por la vida con bastantes menos partes del cuerpo y se experimentan como una persona completa, igual que los demás. Y, como sabemos a partir de la nueva técnica de trasplante de rostros, hasta tu cara podría ser la de otro ser humano, pero todavía responderías a tu nombre.

Es cierto que no puedes existir sin corazón. Sin embargo, podrías recibir el corazón de otra persona, o un corazón artificial. Y aún seguirías existiendo. Necesitas un corazón para seguir vivo, pero no hace falta que sea aquel con el que naciste. De hecho, ha habido muchos casos documentados de receptores de un corazón que han adoptado algunas de las conductas de los donantes. Ahora bien, todas estas características del donante y del receptor existen en la superficie de la realidad. Cualquier nuevo rasgo que fuese «trasplantado» junto con el corazón no constituye más quien es la persona verdaderamente de lo que lo hacían sus tendencias originales.

¿Y qué pasa con el cerebro? ¿Es algo exclusivamente mío?

Hasta hace poco se creía que el cerebro tenía un número fijo de neuronas y una estructura que no cambiaba. La ciencia de la plasticidad cerebral ha transformado radicalmente esta concepción. Los investigadores han descubierto que las células cerebrales cambian incluso en la vejez.

Además, las células que pueden haber formado parte de tus procesos mentales murieron cuando tus pensamientos y tus acciones crearon nuevos senderos que dejaron a esas células sin propósito alguno.[14] El neurólogo John Lorber descubrió que pacientes con hidrocefalia eran capaces de funcionar normalmente, a pesar de que áreas significativas de su cerebro habían sido comprimidas o aplastadas. Estos descubrimientos supusieron un reto a la noción de que una función cerebral particular procede de una localización cerebral exacta.

Algunos pacientes de Lorber podían procesar imágenes y ver normalmente a pesar de que no tenían córtex visual.[15]

Podrías preguntarte si reconocerías tu historia si tuvieses un cerebro diferente. ¿Todavía te gustarían las mismas cosas o un cerebro distinto constituiría un trasplante total de personalidad? Y yo te responderé con otra pregunta: ¿alguien que tiene amnesia deja de existir? La vida todavía anima su cuerpo. La persona aún sigue teniendo una perspectiva peculiar, un ángulo de visión exclusivo. Todo lo que ha cambiado son sus pensamientos acerca de sí misma, su vieja identidad ha sido sustituida por una nueva.

En el caso de una persona amnésica, ni la historia de quien era antes de padecer la amnesia ni su nueva historia constituyen quien es realmente. El pensamiento «yo soy esta personalidad» o «yo soy esa personalidad» puede cambiar, pero el sentido de «Yo Soy» nunca desaparece.

Con cuatro años, básicamente no tenías historia de la que hablar, aunque a pesar de eso tenías la sensación de ser una persona. ¿O no sufriste ya un «trasplante de personalidad» cuando tenías cuatro años o, para el caso, catorce? Por ejemplo, ¿todavía te comportas del mismo modo o tienes los mismos gustos de entonces? Aunque hayas cambiado mucho respecto a la manera de ser cuando eras joven, el sentido de ser *tú* está todavía ahí.

El sentido de «yo» carente de historia que tenías de niño estaba enraizado en la conciencia pura, la cual se oscureció a medida que la «historia del yo» se superpuso a la conciencia. Cuando desaparece la historia, tú continúas existiendo. Nada puede hacer desaparecer a lo que verdaderamente eres. Ni siquiera la muerte.

Desde tu perspectiva corriente, pareces ser una mente que tiene un cuerpo sólido. Sin embargo, no solo no eres el cuerpo que percibes y crees que eres, sino que tampoco eres la historia que tu ego ha creado para tu cuerpo.

El error es construir la historia de «quién soy yo» alrededor del cuerpo y su herencia. Por ejemplo, cuando contamos la historia de nuestra vida, a menudo comenzamos por nuestros padres o abuelos biológicos —y algunos incluso van más lejos y retroceden hasta trazar su genealogía desde hace varias generaciones—. Pero, digámoslo una vez más, no importa cuánto retrocedamos, apenas estamos arañando la superficie de nuestro linaje biológico, que se extiende a un período muy amplio —no solo al comienzo de la especie humana, sino a la aparición de las primeras formas de vida sobre la Tierra, e incluso más allá, hasta el nacimiento del universo mismo.

Comprender que no somos el «pensador» no elimina las muchas suposiciones conscientes e inconscientes que tenemos acerca de quiénes somos. La conciencia de nuestra verdadera naturaleza, vibrante, se ha visto oscurecida por el incesante ruido y los cálculos de la mente pensante.

Yo no siento ninguna conexión con mis antepasados de hace siglos. Comienzo con la historia de mi familia inmediata cuando me describo, pues son las personas que me resultan más familiares y a las que amo. Aunque no estuviera tan apegada al cuerpo, el cuerpo nos permite distinguirnos los unos de los otros. Por ejemplo, yo no puedo experimentar lo que tú estás experimentando, y el cuerpo desempeña un papel en ello.

Nadie puede experimentar cómo es estar en el cuerpo de otra persona. No solo eso, sino que ni siquiera podemos sentir la mayor parte de lo que está sucediendo en nuestro propio cuerpo. Por ejemplo, ¿puedes sentir cómo están creciendo en este momento tus uñas y tu cabello? ¿Y tus células que se están dividiendo? ¿Y tus neuronas activándose en el cerebro? Aunque no podamos sentir todos estos procesos, que están teniendo lugar constantemente en nuestro cuerpo, forman parte de nosotros.

Tú naciste para hacer algo que nadie más puede hacer. Nadie puede sentir tu cuerpo por ti. Nadie puede distinguir entre la realidad y el pensamiento abstracto por ti. Nadie puede experimentar por ti la paz que eres. Es algo que tienes que hacer por ti mismo. Al hacerlo, invitas a otros a entrar en esta misma experiencia por sí mismos. De ese modo, en lugar de creer que estamos separados y ver a los otros como una amenaza potencial para tu supervivencia, comienzas a ver la belleza en todos los demás.

¿Por qué una persona particular o un objeto o situación en concreto nos agradan? En un nivel, entran en juego muchos factores —condicionamientos fisiológicos, psicológicos, culturales, nuestra historia personal y nuestra constitución genética—. Sin embargo, estos factores no tienen en cuenta la razón más profunda por la que algo nos gusta.

En cuanto no estamos alineados con nuestra verdadera naturaleza, la resistencia que sentimos ante nuestras circunstancias genera malestar en nuestro cuerpo. Cualquier persona o cualquier cosa que alivie este malestar, al menos por un momento, tiende a parecernos agradable. Naturalmente, atribuimos a esta forma particular el hecho de que nos sintamos mejor. De lo que no nos damos cuenta es de que sentirnos bien es nuestro estado *natural*, y la forma con la que asociamos un sentimiento agradable simplemente está resonando con este estado más profundo, haciéndonos conscientes de ello por un momento. La cuestión es que no necesitamos ninguna otra forma para experimentar la paz, la alegría y la espontaneidad de ser, que constituyen nuestra naturaleza.

Cuando sentimos amor incondicional hacia alguien, como los miembros de nuestra familia, estamos experimentando la resonancia entre nuestro ser más profundo y su ser más profundo, que es uno y el mismo.

La mente no percibe esta verdad profunda y en lugar de eso teje una historia basada en los lazos psicológicos, emocionales y biológicos entre los cuerpos. Aunque es cierto que podemos sentirnos atraídos por un cuerpo en concreto y apegarnos a él, con el tiempo este cuerpo cambia e incluso puede perder mucho de lo que antes nos atraía. Sin embargo, nuestro amor por esa persona sigue, porque lo que realmente amamos de ella son sus cualidades esenciales, expresiones únicas de la realidad una en la que todos participamos. Para comprender mis palabras, imagina un rayo de luz que golpea la superficie del agua, creando millones de puntos de luz brillantes. Los reflejos relucientes son fenómenos efímeros, que aparecen y desaparecen a medida que el agua se mueve. Cada uno parece tener una existencia independiente, pero todos son productos de la misma fuente única de luz. Ahora mira a tu alrededor. Muchas de las formas que ves, incluyendo tu cuerpo, parecen independientes de todas las otras formas. Sin embargo, igual que en el rayo de luz, todas están hechas de la misma esencia sin forma. Aunque la fuente de estas formas está oculta, ellas son Dios disfrazado de creación.

Despiertos a nuestra verdadera naturaleza percibimos nuestra relación con el cuerpo —y con todos los demás cuerpos— como unión sin costuras entre lo sin forma y las formas. Este «reconocimiento de la unidad»[16] puede dejarnos mudos. Por esta razón, cuanto más conocemos verdaderamente algo, menos capaces somos de describirlo. Es parecido al amor, ya que experimentar la unidad es lo que el amor es. Reconocemos que el otro es, en esencia, uno con nosotros. A medida que la distinción entre *yo* y el *otro* comienza a desaparecer, los *dos* descubren que son esencialmente *uno*. A medida que su amor se profundiza, emerge una paz vibrante.

*¿Cómo puedo experimentar no solo mi propio
ser, sino también el de los demás?*

Una pregunta excelente, e incluso una meditación todavía mejor.

Varios miles de millones de personas en este planeta creen que su esencia está contenida en un alma o un espíritu. En otras palabras, la mayoría de nosotros percibe ya, en un nivel u otro, que somos más que nuestro cuerpo, aunque a menudo nos comportemos como si este fuera lo único que existe.

Esta contradicción debería conducir a la gente a su interior, para explorar su misterio. Pero hasta el momento, en el viaje de la humanidad en este planeta, pocos han descubierto el cuerpo como el portal que conduce a la experiencia de Dios. Para la mayoría, la creencia de que somos más que un cuerpo ha provocado un rechazo y una negación de nuestro vehículo físico. Una vez más, son nuestras creencias acerca del cuerpo y de Dios las que se interponen en el camino de la experiencia directa con ellos.

¿Qué significa ir «al interior» para descubrir el misterio del cuerpo?

Entre muchos buscadores espirituales ha habido durante mucho tiempo una suposición consistente en creer que la autoinvestigación es una búsqueda intelectual. En realidad, la autoinvestigación es una experiencia *vivida*. En el cuerpo surge un saber —una comprensión intuitiva *vivencial*— a través de la cual descubrimos que no somos solo la forma efímera que atraviesa por las fases del crecimiento y el declive.

Dicho de otro modo, el «conócete a ti mismo» no es una cuestión de mantener un concepto de ti mismo, sino una experiencia directa. Cualquier análisis más allá de esto es secundario. De modo que cuando investigues en tu interior, no busques la respuesta en tus pensamientos; ve, más allá del pensamiento, a aquello que no tiene forma.

Cuando dejamos de jugar al juego del «yo», permitimos que la realidad se haga patente. Una mente silenciosa revela poco a poco que no solo estamos aquí como una forma, sino que estamos en todas partes. Somos más que la suma de nuestras partes —más que nuestro cuerpo, que nuestra mente, que este planeta y que cualquier otra forma creada—. Somos más que el propio universo físico, porque estamos más allá de la forma.

Dado que en nuestra verdadera identidad somos parte de la conciencia universal sin forma, de la que todo ha surgido, en lo más profundo de cada uno de nosotros hay una inteligencia silenciosa que conoce ya no solo nuestro propio ser verdadero, sino también el de los demás. Sabemos intuitivamente que somos una conciencia pacífica que trae a la vida estos maravillosos cuerpos y estas maravillosas mentes y los utiliza para explorar su creación. Podemos conectar con esta inteligencia silente en cuanto elijamos dejar el mundo conceptual y volver a la realidad del aquí y el ahora.

Queramos o no, todos estamos avanzando hacia el próximo estadio de nuestro desarrollo. El progreso desde la adolescencia a la madurez espiritual no puede detenerse, aunque sí retrasarse. Podemos aferrarnos a la falsa creencia de que somos nuestras mentes y nuestros cuerpos, o bien reducir mucho nuestro sufrimiento aceptando nuestra unidad colectiva.

Hoy en día, como nunca antes, es fundamental que demos el siguiente paso en nuestro desarrollo natural, y cuanto más pronto sea, mejor. El próximo paso en nuestra evolución no es un cerebro más grande. Se trata, más bien, de una evolución de la conciencia, en la que tenemos que ir más allá de vernos como solo cuerpo o solo mente y reconocer que somos la conciencia inmortal de la que estos proceden.

Dices que todos estamos dirigiéndonos hacia el siguiente paso en nuestro desarrollo. Pero ¿qué sucede si muero antes de que nuestra especie dé ese salto? ¿Qué ocurre conmigo?

La experiencia de la muerte se entiende mal porque tendemos a percibirla a través del filtro de los pensamientos y las emociones. Cuando el cuerpo deja de funcionar, la vida que tú eres continúa, pero ya no utiliza el cuerpo como vehículo para explorar la realidad y expresarse a sí misma. Digamos que la vida se ha quitado uno de sus disfraces temporales.

No percibimos lo vivo en alguien que ha muerto por la misma razón que no percibimos la vida justo ahora. La identificación con la mente y el cuerpo bloquea nuestra conciencia de su naturaleza eterna. La buena noticia, si así podemos decirlo, para aquel cuyo cuerpo está muriendo, es que no tardará mucho en saber por sí mismo que la vida sigue. Simplemente es preferible y menos doloroso que descubramos esto mientras el cuerpo está funcionando y vibrando, ya que buena parte de la ansiedad que experimentamos como seres humanos gira alrededor de nuestro miedo a morir. Cuando ya no tenemos miedo de la muerte del cuerpo, porque comprendemos nuestra naturaleza eterna, surge una gran paz.

En este punto puede ser necesario ser prudentes. Como el cuerpo es solo una expresión efímera de quien somos, algunos lo conciben como una ilusión. En cierto sentido, puede decirse que lo es. Pero solo porque el cuerpo no sea nuestro yo verdadero para siempre podemos, por ejemplo, saltar de un edificio alto sin matarnos.

Confundir la realidad absoluta con la percepción relativa de formas es un riesgo frecuente en el camino del autodescubrimiento. Las formas son reales en el sentido de que están hechas de la misma conciencia sin forma, que derivan de la fuente misma. La ilusión consiste en creer que estas formas son lo único que existe. Aunque es cierto que quien verdaderamente somos no puede ser, en última instancia, manchado ni dañado, no digamos morir, la experiencia de la forma incluye la experiencia de fragilidad —y, para muchos, de gran sufrimiento.

Existe la percepción de que si algo es una ilusión, no puede ni ser afectado por el mundo ni tener un impacto en él. Sin embargo, un espejismo en el desierto crea una ilusión que puede tener graves consecuencias si crees que es agua de verdad. Puede llevarte más lejos, a través del desierto caliente y seco, lejos de toda zona segura. Declarar que tu cuerpo es una ilusión y un espacio casi totalmente vacío y al mismo tiempo ir gateando por la arena ardiendo no te liberará del dolor y el sufrimiento, ni evitará la muerte de tu cuerpo.

Si no ves las cosas como una ilusión, ¿cómo las ves?

Más que pensar en el reino material como una ilusión ¿por qué no darse la oportunidad de experimentar la profundidad de todas las cosas? Por ««profundidad» me refiero a un silencio profundo que es palpable, una calma que no se ve afectada por la actividad de tu mente y tu cuerpo ni por la que se produce a tu alrededor.

Cuando permitimos que cada momento sea como es, se nos revela su verdadera naturaleza por debajo de las representaciones superficiales que percibimos. Descubrimos que todo a nuestro alrededor es más de lo que parece ser. Rápidamente vemos que la expresión «la luz fría y dura de la realidad» no es cierta. La realidad se siente como suave, acogedora, íntima, maravillosa. Aunque muy familiar, al mismo tiempo es maravillosamente misteriosa, de tal manera que no puede percibirla el *software* calculador y medidor de la mente.

Cuando estamos en contacto con la dimensión profunda de la realidad, nos sentimos relajados y alertas y aceptamos de buen grado la vida tal como parece ser. Cuando entramos en el espacio que aparentemente nos separa de las otras personas y las otras formas, se muestra como una plenitud, en lugar de como un vacío.

En términos prácticos, si vamos a un gran estadio lleno de gente, en la superficie parece haber una distancia vasta, incómoda, entre todos los presentes —un impenetrable vacío que hace que la gente se sienta alienada y desconectada de los demás—. Pero cuando lo miramos desde el punto de vista privilegiado de la conciencia, más profundo, percibimos cómo todos los presentes en el estadio están muy cerca de nosotros y conectados con nosotros. Cuando creemos ser una entidad pequeña, separada, nuestra mente intenta adivinar lo que los demás están pensando y si nos dan su aprobación y pueden proporcionarnos lo que queremos. En nuestro estado de conciencia del momento presente, no vemos enemigos porque no percibimos un «otro» separado.

Eso suena hermoso. Pero el momento presente me parece efímero, insustancial y no muy íntimo.

Cuando habitamos plenamente el momento presente, el profundo silencio que experimentamos posee una «gravedad» tan fuerte que pocos pensamientos o emociones pueden evitar su tirón, y el contenido de la mente vuelve con rapidez a la realidad sin forma de la que procede. Con pocos contenidos mentales o sin ellos, finalmente sabemos que el momento presente es la totalidad de la experiencia —vasta, eterna y más cerca de nosotros que los latidos de nuestro corazón—. Nuestra mente egoica pone patas arriba la realidad, haciendo de nuestras historias la totalidad de nuestra existencia. Las percibimos como muy reales e interminables y las superponemos a todo lo que experimentamos. Estamos más familiarizados con nuestras historias sobre la gente y sobre el mundo que con lo que realmente son.

El momento presente es todo lo que existe, aunque a la mayoría de los observadores les parezca que la realidad está dividida en innumerables fragmentos individuales y sucesos aislados. Cuanto más profundamente entramos en el momento presente, más cuenta nos damos de que todas las formas, momentos y sucesos individuales de nuestras vidas están unidos por debajo de la superficie. Piensa en una cadena de islas en un océano que oculta el hecho de que todas ellas son solamente las cumbres de las montañas de una única cordillera sumergida. En el acto de retroceder para diseccionar y analizar la realidad, para reflexionar sobre ella, la mente fracasa en el intento de reconocer el momento presente como lo que realmente es —la única experiencia que ha existido—. El presente es un fenómeno único, global e indivisible, sin comienzo ni fin.

Vivir la vida en el presente es una situación en la que todos ganan. Independientemente de lo que suceda, la permanencia de la conciencia pura te empodera y te proporciona un fundamento de paz, una claridad mental y una ausencia de temor sobre los que mantenernos. Tienes el placer y el honor de servir en el mundo de la forma para ayudar a aliviar el sufrimiento personal y planetario. Nada de todo esto puede suceder sin ti. Tu presencia alerta es el vehículo a través del cual la paz se manifiesta en este cuerpo, este mundo y este universo.

Capítulo

7

La paz es tu responsabilidad

La paz que se encuentra ya aquí seguirá siendo, en gran medida, imperceptible hasta que cada uno la realice para sí mismo. La buena noticia es que tenemos la capacidad de hacerlo. Ciertamente, es nuestra la *respons-habilidad*. No tenemos que cambiar las creencias de nadie ni esperar a que se legisle o se firmen acuerdos para comenzar a experimentar paz.

Es importante darse cuenta de que la responsabilidad de permitir que la paz surja en nuestras situaciones cotidianas no es más una carga de lo que lo es darnos cuenta de nuestra respiración. Se trata simplemente de cambiar nuestra atención desde el ámbito abstracto del pensamiento a lo que es real.

Dirijo talleres y organizaciones que enseñan la no violencia. Tengo una organización sin ánimo de lucro dedicada a la resolución de conflictos y he creado folletos y páginas web con directrices para la no violencia.

Cualquier persona que esté intentando hacer del mundo un lugar mejor a través de sus buenas obras está realmente buscando la paz. Todos esos esfuerzos son nobles y recomendables. Podemos estar muy agradecidos a quienes han tenido la valentía de emprender el tipo de acción que puede generar un mundo mejor. El grado en que las acciones de una persona reflejan hasta qué punto está en contacto con la paz interior es el grado en que manifiesta la paz en el mundo.

Cuando nuestros esfuerzos no marcan una diferencia duradera, a menudo es porque nuestras acciones tienen mucho más que ver con la creación de las condiciones temporales que con la paz permanente de la que este libro habla.

Se da una diferencia entre intentar «hacer» la paz y entrar en la paz que ya existe. Para la falsa personalidad es muy fácil, en sus esfuerzos por «crear» paz, convertirse en un obstáculo —de hecho, el único obstáculo— para la verdadera paz.

Pero, dime, ¿a qué te refieres *tú* cuando utilizas el término *paz*?

Es cuando todo y todos están en calma y relajados. Las personas son amables y cooperativas entre sí, lo cual significa que todo el mundo es feliz y la vida es armoniosa. No hay guerras y los recursos del mundo se comparten de manera equitativa.

Muchos sueñan con las condiciones que describes, pero solo experimentan breves períodos de calma. Las situaciones mejoran durante un tiempo, pero no se mantienen así.

Las parejas, los vecinos y las naciones comienzan a discutir de nuevo. Finalmente, el conflicto, la violencia y la guerra estallan una vez más. Por eso la gente dice: «Nada dura eternamente».

Sin embargo, *la paz es eterna*.

Conocer realmente la paz es encarnar la verdad de que tú y la paz sois uno. Pero, dado que tantas personas no son conscientes de lo que son realmente, ¿cómo pueden conocer una paz duradera?

Esta falta de conciencia es la razón por la que, a pesar de los esfuerzos de los activistas, los buscadores y tantos otros en el mundo que desean la paz, una paz duradera se nos escapa.

Ya hablemos de violencia doméstica, de pobreza, de destrucción del medio ambiente o de la guerra, creo que la educación es la clave para resolver los problemas del mundo.

Cuando la educación fluye desde la conciencia, ciertamente marca una diferencia. Sin embargo, si procede meramente de la cabeza, los beneficios que aporta serán siempre limitados. Esto se debe a que por cada lección «bien» aprendida, nuestro ego puede generar mucha más confusión, ignorancia y sufrimiento. Además, la educación es un concepto más bien vago. Por ejemplo, muchos han sido condicionados a creer que los que han nacido con una piel más clara son superiores a los nacidos con más melanina en la piel.

Podría pensarse que si a la gente simplemente se le informara de los hechos, todo cambiaría. Sin embargo, los fumadores conocen los perjuicios de fumar y a pesar de ello continúan dañándose a sí mismos y a otros. Millones de personas conocen también los problemas para su salud que provocan la vida sedentaria y la comida basura, y no cambian sus hábitos; por eso los hospitales están llenos de pacientes con enfermedades cardíacas, fallos multiorgánicos y otros muchos padecimientos relacionados con una mala alimentación o con falta de ejercicio.

Lo que se necesita no es tanto educación, sino que la gente vuelva a alinearse con la paz que constituye su esencia. Cada forma, desde los átomos hasta las personas y los planetas, vibra a una frecuencia determinada. Volver a nuestro estado natural es volver a alinearnos con la vibración primordial que creó toda forma.

En calidad que vibración-raíz, la conciencia llena de paz tiene el poder de armonizar las múltiples energías discordantes del universo y hacer que retornen al alineamiento con ella. Como la conciencia que llena el espacio constituye la casi totalidad de cada forma, la vibración de paz permanente puede hacer rápidamente que una forma vuelva al alineamiento. Dado que a este elevado nivel de conciencia, el espacio y el tiempo no constituyen una barrera, encarnar la paz es resonar con una frecuencia vibratoria que afecta positivamente a todo el universo.

Podemos sentirnos mejor cuando la paz sustituye al estrés, pero ¿cambiará eso nuestras circunstancias inmediatas? ¿Cómo el sentimiento de paz evita el hambre o el desastre climático?

La raíz del problema es que el yo egoico se halla en un estado constante de «no suficiente» y por tanto siempre a la búsqueda de «lo siguiente». Cada ego trata de adornarse con más relaciones, objetos y experiencias en un intento inútil de sentirse completo y permanente.

Tal como funciona el mundo, el éxito de un ego, a menudo, depende del fracaso de otro ego para obtener lo que desea. Como el sentido de yo del ego deriva parcialmente de la identificación con las formas que quiere adquirir, cuando se le niega lo que desea se siente disminuido y su existencia amenazada.

Colectivamente, el ego produce un sistema económico en el que el consumo obsesivo y el acaparamiento son la norma. La competencia, el engaño y la violencia son los métodos preferidos de los individuos y las naciones que buscan conseguir más recursos. El hecho de que hay recursos más que suficientes para que todo el planeta lleve una existencia feliz, sana y sin luchas innecesarias pasa desapercibido. El ego no puede evitarlo. Su paranoia percibe escasez por todas partes. Esta es la fuente de conflictos en nuestro mundo.

Muchos tienen la intención de actuar más pacíficamente, pero esto no es lo mismo que *ser* paz. Aunque se trata de un buen comienzo, es algo incompleto. Cuando reconocemos que todos somos parte de una única realidad universal, nuestra tendencia compulsiva a adquirir más explotando a otros seres desaparece.

Cuando somos conscientes de nuestra unidad colectiva, tampoco vemos ya a los otros seres como una amenaza a nuestra existencia. Porque los reconocemos como otras expresiones de la misma realidad sin forma, nos percatamos de que dañar a otro es dañarnos a nosotros mismos.

La conciencia universal, que es nuestro verdadero ser, tiene un sentido innato de equidad y equilibrio, lo cual significa que sabe exactamente lo que es necesario para el funcionamiento armonioso de la totalidad. Este estado de armonía quizás fue más evidente en nuestro planeta y en el universo durante miles de millones de años antes de la aparición del ego humano.

Cuando la humanidad deja de resistirse a la realidad, la inteligencia primordial puede fluir a través de nosotros más fácilmente e informar nuestro pensamiento. Despiertos de nuestro sueño de «yo y mi historia», tenemos una mayor claridad, comprensión y acceso a soluciones creativas que nos ayudan a resolver los problemas que más preocupan a la humanidad, como el cambio climático. Sentimos una urgencia primordial por sanar y unificar, respetando el carácter único y la belleza inherente a todas las formas.

¿Has pensado por qué tú y tus amigos os hicisteis activistas, mientras que muchos otros son indiferentes?

Incluso en la escuela primaria, algunas de las cosas que aprendíamos sobre el mundo parecían afectarme más que a mis compañeros.

Cada uno en este planeta tiene un nivel de conciencia diferente. Constituye una medida de lo conscientes que somos de nuestra unidad colectiva. Parece que algunos han nacido con una mayor conciencia de nuestra interdependencia colectiva, mientras que otros que solo la vislumbran en presencia de la verdadera paz, la auténtica belleza, la creatividad genuina o algo que evoque un sentimiento de asombro.

Sin embargo, mucha gente se halla en un nivel de conciencia en el que no puede sentir su conexión con una totalidad mayor. Esto limita su capacidad para la empatía. Cuando expresan escasa preocupación por los demás, o cuando estos les resultan totalmente indiferentes, más allá de su familia o su grupo social, esto se debe a que experimentan el mundo de manera diferente a la tuya. Un signo del desarrollo de la autoconciencia es tener empatía hacia aquellos cuya capacidad para la empatía es limitada.

Un destello de nuestra unidad no implica que el ego pueda ver directamente lo que, de hecho, está más allá de su capacidad de percibir. La experiencia de la unidad es la experiencia de la realidad sin el filtro del pensamiento. No procede del pensamiento, sino de nuestro ser más profundo. Después de tal experiencia, el pensamiento puede reflexionar sobre ella. Pero nunca puede crearla.

Aunque un destello de la unidad resulta rápidamente olvidado por muchos, porque vuelven pronto al pensamiento, este breve cambio en la conciencia puede afectar a nuestro nivel de empatía y de compasión, así como al modo en que vivimos en el mundo. Ahora bien, el error que muchos de nosotros cometemos es pensar que podemos hacernos más conscientes y lograr que los otros lo sean y a partir de ahí cambiar el mundo y convertirlo en un lugar más pacífico. El «yo» bienintencionado, pero lleno de pensamientos, es el obstáculo para la paz de la conciencia superior.

De hecho, lo único que podemos hacer es permitir que el misterioso proceso de despertar se desarrolle. Cualquier *hacer* consciente por nuestra parte es, en realidad, un *permitir*. Cuando dejamos de resistirnos a la realidad, permitimos que una inteligencia superior informe nuestros pensamientos y nuestras acciones. Esta inteligencia superior puede operar a través de nosotros, pero está totalmente más allá de nuestro control y nuestra comprensión. Mediante nuestra presencia ponemos fin a nuestra resistencia. La paz vuelve a emerger en nosotros y se convierte en una posibilidad mayor también para los demás.

En mi pasado como activista, he utilizado, tanto a través de las redes sociales como directamente comprometido en el frente de batalla, argumentos persuasivos basados en hechos sólidos, para cambiar las mentes de la gente. ¿Tiene esto un lugar natural en el proceso de desarrollo de la conciencia?

En este tipo de interacción, el nivel de conciencia es fundamental. Tu nivel de conciencia y la presencia pacífica que lo acompaña eran mucho más importantes que cualquier palabra que pudieras pronunciar. Observa que un cambio auténtico de la mente va más allá de simplemente mantener una nueva opinión. Implica un cambio de corazón, lo cual significa un cambio en la empatía y una comprensión más profunda de cómo está todo interconectado.

Es el propio nivel de conciencia –la conciencia que uno tiene de formar parte de la totalidad– lo que aporta a la gente una perspectiva más amplia sobre cualquier tema. Aquellos que están listos para escuchar y comprender lo que tienes que decir presentan un nivel de conciencia lo suficientemente alto como para conocer la existencia de nuestra interconexión. Esto estimula la empatía y la capacidad de aceptar una nueva perspectiva.

Carentes de presencia, los conceptos no pueden crear la comprensión y la empatía más amplias que queremos que otros experimenten. Así pues, nuestra meta es aumentar la posibilidad de que su conciencia se eleve, no impidiendo este proceso natural con nuestra resistencia egoica al momento presente.

Como un corcho que sube flotando hasta la superficie del agua cuando se aparta la mano que lo mantenía hundida con cierta resistencia, así se eleva de manera natural nuestro nivel de conciencia cuando la actividad mental se reduce. Esto aumenta también la posibilidad de que la conciencia de otras personas pueda elevarse. Cuando el nivel de conciencia de alguien aumenta, sus viejas narraciones comienzan a caer, a veces de manera sutil y otras espectacularmente. Ahora puede estar preparado para una narración que encaje mejor con su nuevo nivel de conciencia.

Al hablar con esas personas, puedes haberles dado el empuje final hacia una nueva narración que refleje el cambio en la conciencia, que no podemos percibir. Aunque puede que crean que les ha cambiado la elocuencia de tu argumento, todo es cuestión de que la vida las haya preparado para ese cambio de conciencia. Cuando actuamos con conciencia, permitimos que la vida opere a través de nosotros. El aumento de nuestra propia autoconciencia nos ayuda a darnos cuenta de que no es el «yo» egoico, sino la inteligencia compasiva de la vida una la que lleva a cabo el «trabajo» de elevar la conciencia.

Aunque no cambiases la mente de esas personas de forma directa, ayudar a la gente a que vaya hacia donde se estaba encaminando es algo positivo. La mejor manera de hacer esto es no ofrecer resistencia a lo que *es*. Ya sea que permanezcas en silencio o que hables, mantenerse enraizado en la paz del momento presente es siempre el catalizador para aumentar la empatía, la comprensión y la conciencia de la paz.

En resumen, resolver conflictos y educar sobre la violencia constituyen esfuerzos valiosos que pueden aportar condiciones positivas, aunque efímeras, de calma relativa —efímeras porque la raíz del problema sigue sin resolverse—. Las semillas del conflicto y de la violencia se propagan mientras la mente disfuncional sigue al mando.

No habrá fin del sufrimiento global ni paz duradera hasta que salgamos del trance egoico que hace que nos veamos como fundamentalmente separados los unos de los otros. Una vez más, solo cuando reconocemos nuestra unidad intrínseca nos damos cuenta de que no podemos *tener* paz y plenitud, sino solo *ser* paz y plenitud.

Capítulo

8

La búsqueda de la justicia

Algunos creen que cuando tiene lugar un hecho injusto, antes de que pueda haber paz ha de hacerse justicia. Pero ¿es esta petición de justicia una exigencia de que las cosas vuelvan a su sitio, lo cual incluye la rehabilitación del infractor? ¿O la reparación que la víctima busca tiene más que ver con un ego empequeñecido que desea construirse de nuevo? En otras palabras, ¿no es, en realidad, venganza lo que se busca?

Decir que la justicia ha de ir por delante de la paz es admitir que hace falta más sufrimiento antes de poder permitir la paz. Sin embargo, la historia humana es evidencia de que el sufrimiento nunca ha conducido a la paz. El sufrimiento solo conduce a más rondas de sufrimiento.

La condición egoica limita gravemente nuestra compasión y nuestra empatía. Nos volvemos altamente selectivos a la hora de mostrar generosidad o de cuidar de los demás: somos amables con la familia, con los amigos o con esos individuos y grupos que creemos que se lo merecen, mientras que se lo negamos a otros o incluso mostramos hostilidad hacia ellos.

A menudo, todo lo que necesita el ego para restablecer su yo empequeñecido es una compensación, en forma de una palabra amable, un regalo o una actividad placentera. No obstante, cuando el ego se siente de manera aguda una víctima, una compensación positiva se considera insuficiente, así que busca castigar al responsable.

En cuanto el ego se siente ofendido y empequeñecido, el cuerpo del dolor se adueña de nosotros. Ahora, el yo que sufre se siente satisfecho deleitándose en el dolor de los otros. Esta es una de las razones por las que el castigo y la venganza se han convertido en la norma en la búsqueda de la justicia.

¿No es el castigo necesario a veces, por ejemplo negándole a un delincuente su libertad, durante un tiempo, para proteger a la sociedad?

La detención, durante poco o mucho tiempo, para proteger a otros y con el fin de rehabilitarlo, puede ser útil y necesaria. Sin embargo, observa que allí donde la disfunción egoica y por tanto la actividad del cuerpo del dolor aumenta en el planeta, la búsqueda de «justicia» a menudo se convierte en una excusa para la venganza.

El grito de justicia no se origina en el yo verdadero. Esto se debe a que, una vez hemos descubierto que todos somos uno, descubrimos también que nuestro yo verdadero nunca puede empequeñecerse, herirse ni dañarse. Recuerda, tú no eres ni tu mente, ni tu cuerpo, ni tu historia.

Las exigencias de justicia que presenta el ego se esfuman con la experiencia vivida de nuestra unidad eterna. Cuando las víctimas y los agresores vean a través del velo de las identidades creadas por sus egos, no habrá más víctimas ni agresores. Cada uno reconocerá que, en su esencia, el otro es también una expresión de la paz, aunque lo hayan perdido de vista temporalmente. Todos nos damos cuenta de que quienes dañan a los demás lo hacen solo porque están bajo la influencia de un falso yo y no son conscientes realmente de sus actos.

Hay algo que puedes hacer que te ayudará a comprender lo que implica la verdadera justicia. Visualiza las personas hacia las que sientes hostilidad. Observa cómo tu cuerpo, especialmente el área del corazón, se cierra. Ahora pregúntate: «¿Realmente quiero la paz para estos individuos?».

Sí, quiero que estén en paz. Pero, si se les permitiera quedar sin ser castigados ¿no se saldrían con la suya? Si han de aprender a no causar daños a los demás, ¿no tendrán que sufrir algunas consecuencias?

¿Así que crees que más sufrimiento lleva a la paz?

Además, ¿quién decide cuánto sufrimiento es suficiente, aparte de los voraces cuerpos del dolor, que siempre quieren más dolor?

Las personas que causan daño a otros sufren ya ellas mismas. ¿Has pensado que su educación inconsciente —sin sentido de la verdadera paz y el verdadero amor— produce la conducta inconsciente, ofensiva, que siguió en los años siguientes? La conducta del cuerpo físico que comete injusticias está siempre controlada por un ego disfuncional que hace que el individuo provoque daño y sufrimiento.

Responder con más sufrimiento, especialmente cuando se considera un castigo, no rehabilita al agresor. Al contrario, amenaza y empequeñece a su ego, que aprende que ha de manipular, castigar y controlar a otros para reconstruir su estado empequeñecido. Por eso la reincidencia es tan alta. La persona no aprende la lección que queremos que aprenda, porque el sufrimiento engendra sufrimiento.

El castigo duro y la venganza representan una conducta profundamente inconsciente, que solo genera más de lo mismo. Activar el cuerpo del dolor que provocó la disfunción al principio rara vez da como resultado el amor, la sabiduría y la claridad de la conciencia superior.

¿Qué hay de la disculpa? ¿Es mucho pedir?

El poder transformador y sanador de la disculpa sincera no debería subestimarse. Sin embargo, muchas disculpas son insatisfactorias, porque el responsable no comprende verdaderamente lo que ha hecho y por tanto no puede mostrar el remordimiento que se espera.

Hay historias de comunidades aborígenes en el pasado que eran lo suficientemente evolucionadas y valientes como para utilizar formas compasivas de justicia restaurativa incluso en los casos más extremos. Por ejemplo, un asesino podía ocupar el lugar de la víctima en la familia de esta, cuyos miembros le darían al asesino convertido en familiar objetos y vestidos de valor y le tratarían como al hermano o al hijo cuya vida les arrebató.[17]

En una situación así, la compasión abre el corazón del criminal. Su estado disfuncional es sustituido gradualmente por una creciente humildad y un gran respeto y amor hacia su nueva familia. Ahora hay una auténtica oportunidad para que comprenda lo que ha hecho, lo cual termina en un remordimiento genuino por el sufrimiento causado.

Este enfoque funcionaba en comunidades pequeñas en las que todo el mundo estaba involucrado. Desafortunadamente, en el contexto de nuestra sociedad actual, que una familia adopte a un criminal violento es poco realista. A pesar de eso, el principio implicado sigue siendo válido. Responder con compasión es la mejor manera de restablecer en el responsable una cierta medida de empatía, un nivel superior de conciencia que le permite percibir a la gente y las situaciones desde una visión más amplia que su perspectiva limitada. Cuando el individuo comienza a sentir la interconexión de todos los seres, se vuelve capaz de ponerse en la piel de los otros. Cuanto mayor es la empatía, más posible es que el delincuente sienta y comprenda el sufrimiento que ha causado, lo que a su vez lo disuade de delitos posteriores.

Cuando siento rabia hacia alguna persona, incluida mi pareja, no puedo hacer como si le amase o le desease la paz

La angustia, incluso la rabia, como reacción a un acontecimiento traumático, son comprensibles. Hasta pueden ser parte de un proceso de sanación. Sin embargo, la reactividad, a largo plazo, convierte el malestar inicial en sufrimiento crónico.

Dejemos, por un momento, el asunto de la justicia criminal y consideremos nuestra relación personal con nuestra pareja. Durante una discusión con nuestro compañero o nuestra compañera, si reaccionamos demasiado fuertemente a su comportamiento, nuestro cuerpo del dolor se activará y terminaremos uniéndonos a su miserable condición. Por tanto, debemos ser conscientes de que el cuerpo del dolor del ego de la persona ofensiva tiene el poder de activar nuestro propio cuerpo del dolor latente, hasta tal punto que mucho después del suceso, seguiremos reaccionando a nuestros propios pensamientos.

Cuando no somos capaces de mostrar compasión hacia un agresor, no es tanto al individuo a quien estamos negando el amor y la paz. Estamos negándonoslos a nosotros mismos.

Si no puedes soportar ser compasivo hacia el agresor, hay otro camino. Sé compasivo contigo mismo. Ya has sufrido bastante. Pon fin a tu sufrimiento volviendo al momento presente y a la paz de tu ser esencial.

Ser sin esfuerzo significa que tú no tienes que *hacer* nada. Ni siquiera perdonar a la persona. En lugar de eso, simplemente descansa y disfruta en la paz y el amor que eres. Cuando esto no proceda de tu yo egoico, no lo percibirás como un sacrifico por tu parte. Alineándote con tu naturaleza sin forma, permite que la paz y el amor brillen a través de ti; de ese modo, podrás ver al otro bajo una luz muy distinta.

¿Cómo ayudará esto a la situación?

Lo único que nos impide sentir compasión, tanto hacia nosotros como hacia los demás, es el ego. Este yo falso se resiste a cualquier pensamiento de compasión, porque no puede proyectar paz o amor por miedo a verse empequeñecido si lo hace.

Como la paz y el amor son algo que el ego no puede poseer, este miedo es infundado. Aunque hablamos de ellos como algo que podemos dar y recibir, la falsa personalidad es incapaz de hacer ninguna de las dos cosas. En lugar de eso, cuando el ego desaparece a la luz del momento presente, nos *convertimos* en el amor y la paz.

Mientras que la angustia continua por la conducta de otro no nos ayuda ni a nosotros mismos ni a nadie más, encarnar la paz no solo nos sana, sino que nos da la fuerza que necesitamos para dirigir la compasión incluso hacia el agresor más violento. Las poderosas frecuencias del amor y de la paz de nuestra fuente resuenan entonces con la misma esencia profunda en el agresor. De este modo, elevar nuestro nivel de conciencia posibilita también que se eleve el suyo, aumentando por ello mismo su capacidad para la empatía y la compasión.

Sanar es la respuesta natural de la vida allí donde el ego retrocede. En este estado natural del ser no llevamos la cuenta de quién necesita presentar disculpas y cuánto. Paradójicamente, las reparaciones, las disculpas y el perdón a menudo llegan espontáneamente cuando ya no se los exige. Esto se debe a que el ego no se dispara por nuestras exigencias y por tanto deja de impedirlo con sus resistencias.

Mostrar compasión y ecuanimidad durante un suceso traumático solo es difícil si no hemos cultivado la presencia a través de los sucesos diarios de nuestra vida. La gente a menudo espera a estar en crisis antes de dar pasos para poner fin a la ilusión de «yo y mi historia». El resultado es que su progreso hacia una mayor claridad, ecuanimidad y compasión es lento.

En el calor de una crisis puede haber una acumulación de energía en el cuerpo, que posiblemente se exprese como rabia o como miedo. Esto es comprensible, e incluso útil, cuando existe una amenaza directa al cuerpo. Sin embargo, si no estamos acostumbrados a entrar en nuestro centro apacible, esta respuesta instintiva normal puede permanecer incluso mucho después de que el suceso haya terminado. Cuando esto ocurre, se convierte en pensamiento y reactividad disfuncional, lo cual produce sufrimiento.

Aunque parece que es lo que los otros han hecho lo que provoca nuestra reactividad constante, en realidad estamos reaccionando a nuestros propios pensamientos. Como nuestra interpretación de los acontecimientos genera fuertes emociones unidas a nuestro pasado doloroso, el cuerpo del dolor vuelve a emerger para empujarnos más profundamente hacia la inconsciencia, alejándonos incluso más de la paz que somos.

Pero ¿simplemente he de quedarme a un lado si la persona sigue creando más sufrimiento?

Si debes hacerlo, pasa a la acción. Pero cuando te proteges a ti, o proteges a otros, para evitar algún daño, hazlo con ecuanimidad. Permanece enraizado en tu centro de paz mientras actúas, para que tus acciones estén guiadas por una sabiduría superior que conoce el mejor modo de responder a la situación.

Para limitar el comportamiento inconsciente de un agresor, tú mismo tienes que estar alerta y presente, pues de otro modo puedes verte empujado hacia la reactividad inconsciente. Mantén en mente que tú no estás aquí para defender el ego de nadie, ni siquiera el tuyo. Cuando evitas tomarte las cosas de manera muy personal, reduces la probabilidad de alimentar el ego y el cuerpo del dolor del agresor, lo que no haría más que intensificar su agresividad.

Realinearse con el flujo de la vida crea espacio para una nueva dinámica en la que ya no percibes al otro como oponente. ¿Quién sabe lo que ocurrirá entonces? Puedes plantarte pacífica, pero firmemente, en su camino. Ahora bien, sin nadie que se interponga en su camino, la persona puede simplemente capitular.

En los muchos tiros que se disparan, no es mi dedo el que aprieta el gatillo. ¿No hay que culpar a quien lo hace?

La culpa contiene un componente fuertemente emocional que promueve la idea de que todos estamos separados los unos de los otros, que todos somos responsables exclusivamente de nuestras acciones. Reconocer cómo la sociedad humana crea colectivamente agresores y víctimas es esencial para que tenga lugar la verdadera sanación de nuestro mundo.

Dado que nuestro filtro egoico mantiene la ilusión de nuestra separación, nos puede resultar difícil reconocer nuestro papel en la creación del sufrimiento. El falso «yo» busca culpabilizar en las situaciones que no puede comprender.

La única diferencia entre nosotros y los que cometen una injusticia se halla en el grado de autoconciencia y en la singularidad de nuestros respectivos pasados dolorosos. Un agresor es alguien que ha cruzado un umbral. A veces un individuo solo necesita sentirse lo suficientemente victimizado para transformarse de un individuo cuyas acciones parecen razonables en alguien que comete algún crimen o realiza actos de terror. Muchos de nosotros nos debatimos ante el umbral, quizás no con la suficiente angustia como para convertirnos en agresores, pero sí con suficiente dolor como para justificar en silencio o incluso alentar formas vengativas de castigo.

Cuando alguien hace algo terrible, es porque el inconsciente de la sociedad –que incluye a la familia del acusado, los maestros, las comunidades, los gobiernos y cada uno de nosotros– creó un niño que se convirtió en un adulto inconsciente. La inconsciencia de cada generación puede relacionarse con la generación anterior, la cual enseñó a sus hijos desde el mismo estado de inconsciencia, y así sucesivamente hasta el comienzo de nuestra especie. Ningún individuo humano único, ningún solo grupo ha de culparse por su inherente inconsciencia, pero cada uno de nosotros es responsable de liberarse a sí mismo de sus prisiones mentales.

Los enfoques compasivos de la justicia intentan satisfacer las necesidades de las víctimas, de los agresores y de toda la comunidad. Estas alternativas al castigo amplían el foco de nuestra atención más allá del acto criminal para incluir las condiciones y las relaciones sociales. De este modo, reflejan la creciente conciencia de nuestra interdependencia y nuestra unidad colectiva.

El término *responsabilidad* tiene un doble significado. Todos tenemos un papel que desempeñar en la inconsciencia de la humanidad. A medida que nos vamos haciendo más conscientes tenemos la *habilidad de responder*, y poner fin, a esta inconsciencia y al sufrimiento que produce. La conciencia de nuestra verdadera naturaleza conduce a la empatía, la compasión y la conducta consciente que puede evitar posteriores conductas inconscientes. Culpar a otro sin reconocer nuestro papel no es una conducta consciente. Tener una conciencia superior significa que experimentamos una mayor conciencia de nuestra interdependencia, nuestra interconectividad y nuestra unidad última. Saber que somos esencialmente uno en la paz pone fin al sufrimiento y la ignorancia que conducen a dañar a los demás.

El problema es que la mayoría no sabe esto, incluyendo a aquellos acusados de injusticia. La mayor parte de la humanidad no tiene ni idea todavía de que reconocer nuestra verdadera naturaleza es la clave para evitar que la gente cruel y egoísta pase a primer plano. Si lo supieran mejor, lo harían mejor. Por eso perdonamos.

Recuerdo la cita: «Hemos encontrado al enemigo, y somos nosotros».[18]

La humilde consecuencia que nos lleva a comprender que tenemos que mirarnos a nosotros mismos para ver la fuente de las injusticias de todo tipo hace que esta cita sea reveladora. Sin embargo, es mejor no pensar en el ego como enemigo. Percibir a alguien o algo como enemigo es un estado de resistencia, y a menudo lleva a una reactividad que nos empuja más hondamente en nuestra inconsciencia.

Una vez descubrimos que somos una conciencia universal única interaccionando consigo misma, comprendemos por qué es sabio no tomarse las cosas demasiado personalmente. Ningún miedo, ninguna rabia por nuestra parte, puede transformar a la gente que no reconoce nuestra unidad última. Al contrario, solo sirve para fortalecer su ego.

Cuanto más presentes, alertas y relajados estamos, menos probable es que reaccionemos a la interpretación de la realidad, distorsionada e incompleta, que ofrece el ego. Para mantenerte anclado en el momento presente, utiliza la conciencia del cuerpo interno, sintiendo esa viveza vibrante que siempre está ahí. Mantener una mente silenciosa y un corazón abierto se convierte, entonces, en el catalizador para que emerja la empatía en los demás. Así, como mínimo, es menos probable que una situación hostil crezca en espiral sin control.

Permanecer sin ego no es un reto pequeño en un mundo en el que miles de millones de cuerpos del dolor guiados por el falso yo intentan alimentarse de las reacciones de quienes los rodean —un mundo en el que las clases sociales, las religiones, las empresas, los gobiernos e incluso las organizaciones para los derechos cometen el error de considerar a los otros sus enemigos, cuando en realidad padecen la misma dolencia.

Observa el hecho de que los medios de comunicación y entretenimiento sobreviven captando la atención de la mayor cantidad posible de gente. Jugando con nuestros deseos y nuestros temores, son sensacionalistas, nos animan a fantasear y, en el peor de los casos, promueven la división y la sensación de que los otros están «contra» nosotros. Como el precio de los anuncios se basa en el número de personas que ven, leen o escuchan, estos negocios necesitan que nos convirtamos en su audiencia cautiva. Han perfeccionado el arte de atraer nuestra atención para beneficio propio y crecen promoviendo la discusión, la hostilidad y la división. Todo, desde los carteles publicitarios y las revistas hasta los vídeos y los mensajes de texto, nos mantiene en el deseo, distraídos y atrapados en el mundo virtual de la mente y sus supuestos «enemigos».

Dicho esto, no convirtamos ahora también a los políticos y los comentaristas en enemigos. Los actos y las palabras de los que estos individuos son responsables constituyen una ínfima parte de sus vidas. Esta gente come, duerme, se pone calcetines, etc., igual que tú. Si los conocieras en persona, verías en ellos la conducta típica y mundana de cualquier ser humano. Recuerda, están bajo el hechizo de la inconsciencia y, por tanto, no son conscientes de lo que hacen. Reaccionando a sus falsas personalidades, también tú caes bajo el hechizo. Si eres incapaz de mantenerte enraizado en la paz, ¿cómo puedes esperar que otros que no tienen conciencia de su verdadera naturaleza lo hagan? Mira más allá de su disfraz y antes de reaccionar piensa que si tú eres paz, también ellos lo son.

¿Esto incluye también a las personas más
odiosas en las que pueda pensar?

Sí, incluye incluso a la persona que percibes como tu peor «enemigo», incluso a la persona más odiada de la Tierra.

Para «amar a tus enemigos» simplemente reconoce que no hay otro completamente separado de ti y así no tendrás enemigos.[19] Vuelve a la realidad del momento presente, en el que reconocerás la verdad de nuestra unidad última.

Amar a la gente no significa que tengamos que aprobar sus acciones. Pero tampoco necesitamos reprobarlas, pues esto sería resistirse a lo que *es*. Simplemente descansa en un estado de conciencia despierta y observa cómo desaparece la ilusión de un «enemigo». Cuando la ilusión se disipe, no quedará más que paz y amor.

Puesto que el camino de vuelta a casa, a nuestra naturaleza pacífica original, pasa por nuestra habilidad de discernir lo real de lo virtual, la conciencia corporal profunda es esencial en la búsqueda de paz personal y global. Cada uno de nosotros tiene que experimentar esto por sí mismo. Habitar el momento presente a través de la conciencia del cuerpo es responsabilidad de cada individuo.

Aunque lograr la paz mundial convirtiéndonos cada uno en expresión de la paz puede parecer desmoralizador, la verdad es que no es cuestión más que de abandonar nuestra resistencia a lo que *es*. Cuando lo hacemos, nos damos cuenta enseguida del empoderamiento que supone sentir plenamente nuestros cuerpos y experimentar la vida sin el «filtro del miedo y la división» del ego.

Sentir el cuerpo es el acto más radical y revolucionario que este mundo pueda jamás conocer. Ciertamente, no hay mayor reto al actual orden mundial egoico, que produce violencia, desigualdad y sufrimiento a escala masiva. Aléjate del mundo virtual del pensamiento y observa cómo tiemblan las egoístas estructuras de poder de la humanidad. Contempla cómo se desmoronan sus cimientos porque ya no participas del juego del ego colectivo consistente en «no uno, no paz».

Tu atención constituye tu consentimiento. El juego de la separación, la división y el miedo no puede continuar sin tu atención fija en él. Tú y el resto de la humanidad podéis seguir siendo víctimas, o unidos podemos convertirnos en héroes que salvan el mundo. Lo único que tenemos que hacer para ser verdaderamente heroicos es sentir el cuerpo y volver a la cordura y la realidad de la paz del momento presente.

Capítulo

9

Qué hacer si estás enfermo de tanto sufrir

¿Estás cansado de toda esta charla acerca de la paz? ¿Quieres simplemente estar en paz?

Sí, estoy enfermo de tanto sufrir. Solo quiero que pare.

Observa que el «yo» que está enfermo de sufrir es también el que genera el sufrimiento. Por eso quien tú *crees* que eres no puede detenerlo. Todavía no has enfermado de tu propia identidad, sino que estás aún tan fascinado por tu propia historia personal que quieres también que todo el mundo quede maravillado con ella.

Si quieres acción, hay pasos positivos que puedes dar para deshacer el reino abstracto del pensamiento en el que has quedado atrapado. Estos pasos no son una filosofía que hay que memorizar y decidir si reemplazará a tus viejas creencias. Son un mapa de carreteras que te permitirá dejar

131

de analizar; gracias a ello, podrás dirigir tu atención al momento presente. La única solución permanente es alejarte de tus narraciones personales hipnóticas y descansar en el momento presente.

Dirigir nuestra atención a la realidad del momento no interpretado aporta un significado totalmente nuevo a la expresión *descansar en paz*. Descubrimos que podemos implicarnos en una actividad vigorosa y, sin embargo, estar en completo descanso en el interior, ya que no ofrecemos resistencia al fluir de la vida. Es nuestra resistencia lo que nos resulta tan agotador. Esperar al final de la vida para descansar en paz significa haber fracasado a la hora de experimentar el objetivo fundamental de nuestra existencia, pues nacimos para vivir la vida en un estado de completa serenidad. Cuando experimentamos la paz en el núcleo de nuestro corazón, vivimos toda la vida apasionadamente. Cuando no estamos en calma, nuestra vida puede compararse a un puño apretado. Si ahora aflojamos nuestro puño, el ego podría interpretarlo como un resultado del trabajo realizado para alcanzar la relajación. Este acto parecería bastante impresionante si no supiéramos que, al relajarlo, nuestro puño simplemente está volviendo a su estado natural. En un estado constreñido, estamos resistiendo a lo que *es*. Acceder a la paz significa que dejamos de resistir, que es tan simple como aflojar nuestro puño. Cuando cesa el acto de apretar, nuestro puño, de forma espontánea, entra en su estado naturalmente relajado.

El ego sigue controlando porque funciona sin ser observado y sin oposición durante la mayor parte del día. Estar presente y alerta cuando pensamos es, pues, un paso importante en nuestra evolución. Observamos la voz en nuestra cabeza, que finge ser nosotros y casi nunca deja de hablar. Cuanto más frecuentemente interrumpimos la ensoñación del «yo» con la conciencia del momento presente, mayor es el número de espacios vacíos que se desarrollan en nuestro falso sentido del yo.

A medida que la «historia del yo» se disuelve, emerge la conciencia de una inteligencia y una claridad llenas de paz. Al principio, simplemente tomamos refugio en la suave calma que acompaña a la conciencia del momento presente. Finalmente reconocemos esta paz como «casa», nuestra verdadera esencia.

¿Qué se tiene que abandonar para vivir siendo paz?

Nada. No hay ninguna parte de tu vida que tengas que abandonar para terminar con tu sufrimiento. Vive, juega y trabaja en la casa, en la comunidad o en el país de tu elección. Viaja en autobús, en bicicleta o en un Mercedes-Benz, no importa. Viste ropa hecha en casa o ve a la última moda, no hay ninguna diferencia. Trabaja como científico, estrella del pop o jardinero, en lo que más te guste.

El fin del ego no significa el fin de todos los rasgos de la personalidad, solo que no estamos apegados a ellos, porque no constituyen lo que verdaderamente somos. Los rasgos negativos y la conducta disfuncional desaparecerán gradualmente porque reflejan una resistencia que está llegando a su fin. Las partes más auténticas y positivas de nuestra personalidad permanecen, y pueden incluir nuestro particular sentido del humor, el sentido de estilo y el modo único de expresarnos y de ver el mundo. Además, probablemente descubriremos que cualquier don o habilidad especial aumenta al desaparecer el pensamiento compulsivo y la reactividad emocional.

A la mente le parece que una vida de paz es una vida de soledad y desapego –una vida sin pasión–. Todo lo contrario, el vivir consciente es vivir apasionadamente. La realidad es que un gran número de personas de todo el mundo son «muertos vivientes», gente sin apenas pasión. Son reservados, a menos que ocurra que estén de acuerdo con alguien, aparezca algo que les guste a ambos o unos tengan algo que los otros quieren tener. El planeta, en general, vive sin pasión, y la gente busca sustitutos en una intensidad, una necesidad y una volubilidad emocional que tiene poco que ver con la verdadera pasión.

Podemos mirar la naturaleza y el universo, y su apasionada celebración de la existencia. No hay nada aburrido en un volcán, una tormenta o los hermosos y explosivos colores de la formación de una estrella o una galaxia. Estando en una selva, viendo cómo una bandada de papagayos vuela sobre nuestras cabezas, o en un campo de flores que están floreciendo ante nuestros ojos, ¿cómo podemos no ver que la fuente de la que todo brota lo sabe todo acerca de la pasión? Como expresión de esta fuente, somos la pasión misma. En contraste con ello, el ego, que finge ser quien nosotros somos, es la definición misma de la pereza, la desesperación y la indiferencia.

Cuando despertamos a nuestra verdadera naturaleza, sentimos también el gozo de ser. El aburrimiento no puede existir en presencia del gozo. Por fin comenzamos a vivir con pasión, aunque a veces no se exprese abiertamente.

Vivir creativamente llega de manera natural, y no es importante en qué campo o disciplina lo hagamos. Lo que importa no es tanto lo que hacemos, sino cómo lo hacemos. Seas fontanero, enfermera o artista, lo que cuenta es la calidad de tu conciencia. Puedes mantener tus relaciones, tu casa, tu profesión y tus aficiones y pasatiempos o adquirir otros nuevos. Pero ahora te implicas en ellos plena y completamente, como nunca antes, sin esfuerzo y libre de estrés.

Mi marido trabaja conduciendo una grúa en la construcción y yo cuido de nuestros tres hijos. Necesitamos estar muy alertas. No podemos permanecer todo el tiempo flotando en la paz bendita.

La gente tiende a presuponer que estar constantemente pensando es necesario para una vida práctica y alerta, cuando el pensar incesante, en realidad, reduce nuestro estado de alerta y nos vuelve mucho menos eficientes al realizar nuestras distintas tareas. Alerta sin relajación es parecido a ese estado asociado con la tensión y el miedo caracterizado como «luchar, huir o quedarse paralizado». El uso crónico de esta mentalidad de supervivencia produce estrés, el cual disminuye la claridad y el estado en calma.

Uno de los obstáculos para vivir más conscientemente es la falta de confianza que el ego tiene en una inteligencia más profunda para manejar los asuntos prácticos, del día a día. Comer, mantener una relación o realizar una actividad conscientemente tienen que ver con confiar en que la vida tome las riendas cuando estamos inmersos en los asuntos prácticos del vivir diario. Entregados a lo que *es*, nos damos cuenta de que la inteligencia llena de paz que creó el cuerpo sabe cómo guiarlo sin esfuerzo a través de cualquier tarea, relación o experiencia.

¿Quién sabe qué secretos puede revelar el cuerpo cuando nuestra relación con él no es ya la de amo egocéntrico y sirviente? Dicho de otro modo, de abusador y víctima de abuso. Incluso la mente se vuelve más eficiente cuando se utiliza de forma deliberada y menos frecuentemente. La inteligencia primordial puede fluir a nuestros pensamientos, proporcionándonos las intuiciones y la sabiduría necesarias para responder de manera óptima a cualquier situación.

¿Así que no estás hablando de vivir en alguna especie de estado alterado?

Muchos tienden a identificar vivir pacíficamente con alguna especie de estado alterado beatífico. La verdad es que la inmensa mayoría está viviendo ya en un estado alterado producido por el incesante pensar y reaccionar.

La voz en la cabeza, que finge ser quienes somos, crea una imagen distorsionada de la realidad. Reaccionar desmesuradamente a las situaciones y hacer presuposiciones sobre las otras personas y su modo de vivir es típico del individuo medio. Ciertamente, vivir a través del filtro del falso yo es la definición misma de vivir en un estado alterado. Por eso, despertar de nuestro sueño del «yo» y volver al estado natural de presencia y de paz que le acompaña es lo más práctico que podemos hacer.

Si te preguntas qué te motivará a ayudar a los demás, o para el caso, a hacer algo, nuestro estado relajado y naturalmente pacífico es también un estado en el que somos espontáneamente creativos. Ahora bien, esta creatividad surge de una fuente muy distinta a la de la «motivación» del ego, que actúa a partir de una sensación de carencia.

Dado que la fuente de todo cuanto existe está totalmente plena en sí misma, ¿qué motivación tiene para crear algo? Y sin embargo crea, constantemente y sin esfuerzo. No crea con un aire de desesperación, sino con un espíritu de celebración. El extraordinario número y variedad de especies y de objetos del universo no fueron creados porque todos y cada uno de ellos fuesen esenciales para la continuación de la existencia, sino simplemente por el gozo de hacerlo.

Cuando experimentamos la creatividad, esta lleva consigo la elevada frecuencia del *ser*. Algo resuena literalmente en nuestro interior cuando estamos inspirados por la expresión creativa. Incluso la frecuencia vibratoria de nuestro cuerpo se eleva. En ese momento de gracia, el músico se convierte en la música, la danzarina pasa a ser la danza y el científico es uno con la fórmula o la ecuación.

Cuando despertamos a nuestra verdadera naturaleza, el amor, fluyendo a partir de un estado de paz, nos motiva a atender las necesidades y a ayudar allí donde podamos. El gozo y la belleza nos mueven a crear, a expresarnos y a inspirar a otros.

Capítulo

10

El antídoto a la adicción

El ego es esencialmente adicción al pensamiento. Pensar es el esquema adictivo original, del cual nacen todas las demás adicciones.

El simple hecho de activar la mente crea resistencia, lo cual se siente como tensión psicológica y física. Como resultado, el ego busca fuera objetos y experiencias satisfactorias que alivien la tensión, sin darse cuenta de que su propia existencia crea más resistencia. Como algunos objetos, personas, sustancias o comportamientos alivian este malestar temporalmente, el ego se vuelve hacia ellos una y otra vez. El pensador compulsivo crea inevitablemente hábitos emocionales y físicos apremiantes, pero la capacidad de estos de satisfacerle va reduciéndose cada vez más. Todas las relaciones con la comida, con el alcohol, con las personas, con la tecnología, etc. pierden su cualidad compulsiva cuando cae el dominio del ego sobre nosotros bajo el impacto de la conciencia del momento presente.

Me digo a mí misma que mis hábitos alimentarios son una celebración de la vida. Pero hay un punto de desesperación en mis intentos de sentirme llena.

Eso sucede frecuentemente. La comida es una de las maneras a través de las cuales el ego intenta eliminar su sensación de carencia. Ya sea comida, un compañero romántico o un teléfono móvil lo que tengamos ante nosotros, si permanecemos perdidos en el reino abstracto del pensamiento, la persona o actividad que nos proporciona placer hoy será considerado erróneamente la causa de nuestra frustración o sufrimiento mañana. Mientras nos comportemos como si las formas fuesen la clave para la realización, el ciclo interminable de sufrimiento, decepción y violencia continuará.

En contraste, cuando nuestra atención está totalmente en el momento presente, no necesitamos nada ni a nadie para sentirnos plenos. La plenitud de simplemente *ser* es suficiente, con o sin las formas que buscamos. En calidad de encarnaciones de la paz y el gozo, nos sentimos entonces libres para disfrutar de la comida, la persona o la tecnología que tenemos ante nosotros. Podemos descubrir también que la intensidad de nuestro deseo impedía que experimentásemos plenamente aquello hacia lo que hemos sido atraídos. Es como si estuviéramos probando algo o conectando verdaderamente con alguien por primera vez.

Ser consciente del cuerpo y de la respiración, de manera regular, durante el día, significa que la compulsión psicológica y física de tener siempre «más» no puede reforzarse, pues prestar atención al cuerpo crea espacio suficiente para disipar cualquier tensión. En este estado de simplicidad es menos probable que sintamos fuertes deseos de experiencias, objetos, sustancias o personas específicas.

A medida que la tensión por adquirir y consumir disminuye, disfrutamos de un creciente deseo de simplemente experimentar cualquier cosa que entre en contacto con nuestros sentidos. Por ejemplo, comer se convierte en una actividad fascinante cuando no lo hacemos ya de manera inconsciente o con sentimientos de culpa.

Cuando comer se convierte más en un viaje que en una meta, apreciamos el centro de nuestra atención –la comida, el plato o la mesa– con una mirada más suave. Nos damos cuenta de que realizar cualquier acción despacio, deliberadamente y con una conciencia alerta evita que la mente ponga el piloto automático. Inspiramos lenta y profundamente los aromas de aquello con lo que hemos elegido hacernos uno. Sentimos la temperatura y la forma del tenedor al depositar suavemente la comida en nuestra boca. Percibimos el peso y la textura del alimento y disfrutamos de la complejidad de sabores mientras permanece en nuestra lengua. Inspirando profundamente, dirigimos la atención al interior, cerrando los ojos si hace falta, para observar la sensación de masticar y tragar. Durante toda la actividad, somos conscientes de la respiración, manteniendo nuestros músculos relajados, sintiendo la vida que hay en nuestro cuerpo.

Centrar plenamente nuestra atención en cualquier experiencia es muy distinto de centrarnos en nuestros juicios y reacciones relacionados con la experiencia. Lo importante es permitir que esta se desarrolle con una mente lo más silenciosa posible. Cuando nuestra atención no está absorbida por nuestra cháchara mental –el «comentario jugada a jugada» de lo que está sucediendo—, de manera natural descansa en el momento presente.

¿No es la adicción, en gran medida, una cuestión bioquímica?

Cuando hay un componente bioquímico en la adicción, no puede sobrevivir demasiado tiempo sin la tensión física y psicológica que surge de resistirse a lo que *es*. La compulsión y el deseo desmedido no pueden continuar sin la mente egoica que piensa incesantemente y que constantemente quiere más.

En el caso de la adicción a la comida, la sensación de hambre nos avisa de cuándo es el momento de alimentarnos, pero la voz compulsiva en la cabeza distorsiona las señales naturales del cuerpo, creando retortijones de hambre mucho más allá de nuestras necesidades físicas básicas.

El ego está preocupado intentando llenar su sensación de ser, y utiliza el cuerpo para lograrlo. El deseo que este tiene de comida, de diversión, de poder, de sexo, de alcohol… enmascara su deseo más profundo de recibir atención por parte de nuestro ser esencial. Nuestra atención no solo crea el espacio que disipa la tensión y las ansias, sino que también aquieta al ego, fuente de toda compulsión y adicción. Llevar nuestra atención al momento presente constituye el antídoto para toda actividad compulsiva del cuerpo y de la mente.

Entonces está bien querer cosas sin ser adicto a ellas, ¿no?

El ego funciona exclusivamente en el ámbito de las formas mentales y se considera a sí mismo un experto en este campo. Pero ¿has reflexionado alguna vez en serio sobre por qué haces algunas de las cosas que haces? Por ejemplo, ¿por qué quieres realmente un coche, una casa, un trabajo o una relación en particular? ¿Sabes incluso por qué quieres un vaso de agua, ver la televisión o sentir la textura de la hoja de un árbol?

Puedes contestar: «Es muy sencillo. Quiero agua porque tengo sed, miro la televisión para relajarme y toco los objetos que nunca he tocado antes porque soy curioso».

Ciertamente, suena sencillo, hasta que te planteas una pregunta más. Si saciar tu sed, relajarte o ser curioso te hiciera sentir mal, ¿harías todo eso? Lo más probable es que buscases algo diferente para satisfacer tus necesidades y tus deseos. Pero ¿por qué, incluso, deseas satisfacer tus necesidades y tus deseos?

Si respondes: «Porque si satisfago mis necesidades y mis deseos, me sentiré bien», hazte la siguiente pregunta: «¿Por qué satisfacer las necesidades y los deseos hace que me sienta bien?».

Superficialmente podemos estar motivados por la búsqueda de la riqueza, el poder o la fama. Sin embargo, si miras más de cerca, descubrirás que hay una necesidad *subyacente* de seguridad, control y aprobación. Incluso cuando un trabajo aumenta nuestra autoestima y una relación nos proporciona amor, en realidad estamos intentando satisfacer un impulso más profundo.

Detrás de todas esas necesidades y deseos basados en la forma, se halla la necesidad última, el deseo primordial de sentirse bien. Saciar nuestra sed nos hace sentirnos bien. Lo mismo sucede con la seguridad y la aprobación, así como con el amor o incluso la curiosidad —el asombro, la excitación y la satisfacción que proceden de aprender o experimentar algo nuevo—. Pero ¿por qué queremos sentirnos bien?

Queremos sentirnos bien *porque queremos sentir a Dios*.

Dicho de otro modo, queremos sentirnos bien para experimentar quién somos realmente. El amor, el gozo y la paz nos hacen sentirnos bien porque son la bondad misma. Disfrutamos sintiéndonos bien, porque *nosotros* somos la bondad primordial.

Aunque no resulta evidente para la mente pensante, la razón por la que hacemos algo es el deseo de volver a la sensación natural de bienestar que procede de permanecer alineado con el flujo de la vida. Alinearse con la vida es ser uno con ella. Es descubrir que somos el amor, el gozo y la paz del *ser* último, que emerge cuando no nos resistimos a lo que *es*.

La vida nos convence para volver a casa, a nuestro verdadero yo, haciéndonos sentir bien con algunas experiencias y mal con otras. El ego no es consciente de que nuestro deseo de sentirnos bien contiene el deseo más profundo de volver a nuestro ser esencial. Sin embargo, estamos programados para experimentar paz antes o después. Esto es lo que hace que la vida sea una situación en la que todos ganan.

El ego quiere existir eternamente, pero no se da cuenta de que él es el único impedimento para *ser*, que es lo único eterno.

Cuando vemos el mundo desde el ego, mantenemos la creencia inconsciente de que en alguna parte «ahí fuera» hay formas que pueden proporcionarnos lo que realmente queremos, como plenitud, totalidad e inmortalidad. El ego está limitado por su propia naturaleza a buscar la totalidad, aquello que anhela, en el universo basado en la forma. Sin embargo, las formas que deseamos nunca pueden proporcionarnos la experiencia de aquello que es sin forma.

Dios es sin forma (sin barba, sin sandalias, sin cuerpo). En consecuencia, la plenitud y la permanencia características de la paz se experimentan solo cuando estamos en contacto con nuestra naturaleza sin forma.

Eckhart Tolle enuncia una gran verdad cuando escribe: «La realización de Dios es lo más natural que existe. El hecho sorprendente e incomprensible no es que puedas llegar a ser consciente de Dios, sino que no seas consciente de Dios».[20]

Acabo de darme cuenta de lo que quieres decir.
Sentirse bien es la motivación que subyace a todo
deseo superficial, puesto que el deseo de sentir a Dios
se halla detrás de todos los deseos superficiales.

¿Cómo podría ser de otro modo? Dios está detrás de todo lo que existe, es la fuente de todas las formas y todas las experiencias. Todo lo que percibimos es simplemente Dios expresándose a través de una forma u otra.

No hay más que Dios.

El Bien (*Good*), en sentido absoluto, es lo mismo que Dios (*God*). Por ello, cuando nos decimos que *no* somos buenos, estamos jugando al juego de «no experimentar a Dios». Pero este juego ya no nos divierte a la mayoría de nosotros. Viviendo en la superficie de la realidad no somos conscientes de la bondad primordial de nuestro ser esencial. De hecho, incluso podemos sospechar que somos malos.

Aunque funcionar desde la falsa personalidad hace que actuemos inconscientemente, lo cual provoca sufrimiento, a nosotros mismos y a los demás, eso no nos hace malos. Más bien significa que estamos bajo un hechizo y, por tanto, apenas somos conscientes de lo que hacemos. No somos «malos»; simplemente estamos perdidos y buscando el camino a nuestro ser original.

¿No es un enorme alivio saber que la bondad, que es la esencia de la Divinidad, se halla detrás de todo cuanto existe, especialmente cuando crees que la has fastidiado y te sientes realmente mal contigo mismo?

Puesto que nada existe sino Dios, buscarnos a nosotros mismos es buscar a Dios. El deseo de disfrutar con cualquier cosa es buscar a Dios.

Resulta extraño pensar que cuando voy a la cocina a por algo sabroso, en realidad estoy buscando a Dios.

Como todo lo que nos rodea es temporal y está sujeto a la disolución en cualquier momento, nada del mundo material puede satisfacernos verdaderamente. Si queremos sentirnos bien sobre una base consistente, el único bien permanente y que verdaderamente nos llena ha de hallarse en el ser puro.

Aunque los deseos y las metas perseguidas por el ego nunca pueden proporcionarnos una plenitud completa, cuando llevamos nuestro ser más profundo a nuestras relaciones, nuestros logros y nuestras aspiraciones, estos sí consiguen llenarnos. Nos llenan porque *nosotros* estamos llenos y llevamos este estado interno a nuestras experiencias. El mundo material se convierte, entonces, en un modo de expresar y celebrar lo increíblemente bien que nos sentimos en nuestro interior.

Es el hecho de que somos seres plenos *en y por nosotros mismos*, independientemente de lo material, lo que hace que nuestra familia, nuestras posesiones, nuestros objetivos y nuestros sueños sean importantes para nosotros. En la medida en que llevamos nuestra totalidad esencial a esas formas en cada momento del presente, las experimentamos como satisfactorias.

Mientras que contemplar el mundo desde el ser puro hace que todo tenga un significado profundo, invitándonos a comprometernos profundamente en cada aspecto de nuestra vida, el apego a cualquier forma con la esperanza de que puede proporcionarnos satisfacción no conduce más que a una interminable insatisfacción. Al sentirnos insatisfechos, podemos incluso menospreciar a las personas, los objetos, las situaciones y los objetivos que tienen el potencial de ser inmensamente placenteros.

Siempre que ansiamos algo parece que el objeto de nuestro deseo está separado de nosotros. En otras palabras, lo percibimos como *algo que no tenemos*, como si existiese un espacio vacío entre nosotros y eso, y esa ilusión de distancia dispara el deseo ansioso.

Ansiar algo es lo contrario de disfrutarlo. El ansia surge porque no reconocemos que el objeto de nuestro deseo no está separado de nosotros, sino que es ya uno con nosotros. Ese aparente espacio vacío no es más que la incapacidad del ego para percibir nuestra unidad esencial. Una vez descubierto esto, vemos lo Divino en el espacio, lo cual resulta ser no un vacío, sino una plenitud.

El espacio que constituye la mayor parte de la mayoría de las formas, así como el que hay entre nosotros, está lleno de paz, gozo, sabiduría, amor y potencial creativo. Estos rasgos fundamentales del ser no tienen forma. Incapaz de percibir la desbordante plenitud de lo sin forma, el ego malinterpreta el espacio vacío como un sentimiento de carencia *dentro* de nosotros y como la razón de la experiencia de separación *fuera* de nosotros.

A medida que reconocemos que la plenitud en nosotros, así como en el espacio entre nosotros y el objeto de nuestro deseo, es nuestra propia Divinidad, este reconocimiento aquieta la mente y nos devuelve a un estado de paz y a una sensación de bondad y completitud de la vida. Desde la experiencia de la plenitud de la Divinidad, nuestros deseos y necesidades desaparecen.

Liberados del deseo compulsivo, ahora nos sentimos libres para disfrutar de todo lo perteneciente al mundo material, en la medida en que podamos disponer de ello —sin tener que aferrarnos a ello para intentar llenar un supuesto vacío o carencia en nosotros, lo cual no es más que un espejismo del ego.

Así pues, aunque nunca podemos «tenerlo todo», podemos *ser*lo todo.

¡Quién iba a decir que la salvación se halla en el espacio entre el sofá y el frigorífico!

Sí, la respuesta a la paz personal y mundial está entre el sofá y el frigorífico —o para el caso, entre dos formas cualesquiera—. El aparentemente despreciable y casi imperceptible espacio entre donde creemos que estamos y lo que deseamos tiene la llave de la paz y la iluminación personal y global, ya que cuando hacemos espacio en nuestras vidas para el espacio mismo, no hay nada «separado» con lo que el ego pueda relacionarse o a lo que pueda apegarse.

Podemos adquirir el hábito de, allí donde estemos, percibir el volumen físico del lugar, en el que la cantidad de espacio visible supera con mucho la cantidad de cualquier forma. Al sentir esa realidad viva en el interior de nuestro cuerpo, si suavizamos nuestra mirada y nos hacemos conscientes del espacio vacío entre nosotros y aquello que habitualmente miramos, nos percataremos de la paz y la plenitud totalmente satisfactorias que hay en nuestro interior y en todas partes.

Mientras permanezcamos enraizados en el momento presente a través de la conciencia del cuerpo, este momento continuo incluye todo aquello que siempre hemos deseado. Experimentamos paz y gozo en cada paso del viaje, lo cual hace que cualquier destino físico o deseo basado en la forma ya no parezca tan importante.

Liberados de la carga de que nuestros seres queridos, nuestras posesiones o nuestros sueños deban llenarnos, podemos disfrutar de ellos el tiempo que estén en nuestra vida.

Reconoce que eres una expresión del Todo, de la fuente sin forma oculta en todas las formas, y por fin serás libre. De ese modo, podrás experimentar el amor, el gozo, la plenitud, la sensación de permanencia y la inmortalidad que durante tanto tiempo has buscado.

Capítulo

11

El final de la espera

Para muchos de nosotros el espacio que hay entre donde estamos y donde deseamos estar constituye una molestia frustrante. Nuestra necesidad psicológica del momento siguiente nos vuelve impacientes, hasta el punto de que no sabemos valorar el aquí y el ahora. Tratamos este momento como un medio para un fin —o peor, como un obstáculo a nuestra realización.[21]

Una vida consciente se vive en el presente, cuando descubrimos que experimentar la realidad de este momento es la única manera de conocer la plenitud. Ponemos fin a nuestra resistencia a lo que *es* y aceptamos las cosas tal como son.

En la superficie de la realidad, nuestros cuerpos pueden estar esperando físicamente a otra persona o acontecimiento que se cruce en nuestro camino para poder tener lo que queremos. Sin embargo, en nuestro ser más profundo no hay ninguna sensación de expectativa por nadie ni por nada.

Simplemente estamos aquí, completamente a gusto con el momento, se desarrolle como se desarrolle.

Me paso todo el día esperando a otras personas: en el tráfico, en el cajero automático, en la cola de facturación, y la lista sigue y sigue.

Puede que tu cuerpo necesite esperar un acontecimiento tras otro. Pero ¿acaso una actitud negativa hacia el hecho de esperar ayuda de algún modo? De hecho, ¿necesita tu mente implicarse durante el tiempo que tu cuerpo está esperando?

Observa que cualquier impaciencia o frustración que acompañe al simple acto de estar donde estás no tiene ningún sentido. Por ejemplo, cuando te sientes incómodo, quejarte de ello no cambia mágicamente la realidad de la situación. Mirar fijamente al cajero no hace que la cola vaya más rápida. Maldecir en voz baja no te permite conseguir más pronto lo que quieres.

Nos comportamos como si una deidad u otra fuerza poderosa se viese obligada a apartar los obstáculos de nuestro camino en cuanto expresemos el suficiente enojo. En realidad, lo único que estamos haciendo es reforzar el falso sentido del «yo», lo que implica vernos empujados más profundamente al ámbito abstracto del pensamiento.

Aunque parece que la *situación* está creando nuestra incomodidad, en realidad es nuestra interpretación de lo que ocurre lo que causa nuestro malestar. Reaccionamos negativamente porque la condición egoica es de insatisfacción y miedo. Nuestro filtro mental –que se ha vuelto disfuncional y compulsivo por identificarnos con él– nos impide percibir las cosas tal como realmente son. La voz egoica que juzga y se queja es normal, pero no natural, como tampoco lo son ni la incomodidad ni el sufrimiento que provoca.

Que nuestro ego se sienta «agradado» o ««molesto» es, en buena medida, irrelevante. Su meta es la supervivencia, y cualquier experiencia, «positiva» o ««negativa», basta para mantener la mente en funcionamiento. El hecho de que esté constantemente funcionando nos mantiene fuera de la realidad del momento presente.

Muchos piensan que no tienen tiempo para añadir nuevas técnicas y prácticas a su ajetreado día, y sin embargo se quejan de la cantidad de minutos, o incluso horas, que han de pasar esperando. Todo este tiempo libre ofrece una oportunidad para cultivar la conciencia del momento presente durante el día, especialmente en aquellas áreas de la vida en las que el ego es dominante, como la familia, el trabajo y el ocio. ¿Por qué no convertirlo en una práctica espiritual?

He aquí algunas sugerencias. Pon en silencio la televisión durante los anuncios y percibe la temperatura de tu respiración al inspirar y espirar. Relaja la mandíbula, los hombros, el plexo solar y el diafragma mientras esperas a que se cargue una página web o la respuesta a un mensaje de texto. Siente plenamente la ropa y los objetos que están en contacto con tu cuerpo mientras esperas en una cola, en medio del tráfico o en una cita. Sentir tus muslos mientras andas es más importante que el destino que te has fijado.

En cuanto te des cuenta de que estás «esperando», afloja los músculos, dejando solo en tensión aquellos que estén implicados en ese gesto, y lleva tu atención al interior para sentir físicamente tu cuerpo y tu respiración.

Volver la atención frecuentemente a la realidad del momento presente crea espacios vacíos en la corriente de pensamiento que contiene nuestra narración personal, la historia de nuestro «yo». El resultado es una reducción significativa de la tensión y la incomodidad que surgen por la resistencia del ego a este momento. Finalmente seremos capaces de permanecer anclados en el cuerpo durante una actividad, estemos esperando o no. Al mantener parte de nuestra conciencia en el sentimiento de viveza dentro del cuerpo, nuestra necesidad del momento siguiente se disuelve.

A veces mi frustración no tiene que ver con hacer cola en los sitios. Es el sentimiento de estar esperando a que mi vida empiece.

Esto le sucede a todo el mundo en algún momento. En cierto sentido estamos «esperando a que la vida empiece». O más bien, estamos esperando a que empiece la historia de nuestra *verdadera* vida.

La razón por la que sentimos que nos falta algo en nuestra vida es que el ego, que es incapaz de percibir el aquí y el ahora, está convencido de que su realización se halla en algún lugar del futuro. Cree erróneamente que la vida comenzará cuando logre algo nuevo y mejor, cuando de hecho comienza en el instante en que entramos en el momento presente.

La vida solo puede empezar cuando la historia del «yo» termina —cuando se disuelve el obstáculo del ego.

Aunque nuestra condición egoica nos empuja a perder el alineamiento con el fluir de la vida, esta ha sido diseñada para hacer que nos volvamos hacia la realidad. Nos inyecta el deseo de sentirnos bien y nos manda señales de incomodidad y tensión para guiarnos de regreso al estado natural de nuestro ser.

Puedes objetar que la mayoría de la gente no está captando el mensaje. Es cierto que la condición egoica de nuestro planeta se ha vuelto tan grave que la mayoría no capta jamás las señales de la vida. No obstante, la situación está comenzando a cambiar. Hay millones de personas despertando a la experiencia de que su verdadera naturaleza se encuentra a su alcance mientras están vivos físicamente. También puede tranquilizarnos el conocimiento de que la vida sigue, de modo que ni siquiera la muerte del cuerpo puede impedirnos la verdad de quienes somos.

Yo creo que mi desengaño y mi insatisfacción proceden del hecho de saber en mi interior más profundo que la vida es algo más. Que ha de ser mejor que esto.

Si pudieras experimentar las cosas tal como realmente son –experimentar solo *esto*, justo ahora–, la plenitud sustituiría a tu insatisfacción y, como me sucedió a mí, tu búsqueda llegaría a su fin.

La expectativa de que la vida debería ser de otra manera, distinta a como es, y que nosotros deberíamos ser diferentes también, procede en gran medida de la sensación de imperfección y de la orientación compulsiva hacia el futuro.

Por todas partes a nuestro alrededor, la vida lleva una firma de autenticidad y realidad que contrasta agudamente con nuestra sensación del «yo», abstracta y derivada del ego.

Aquí y allí, las señales de la vida atraviesan nuestra resistencia egoica y percibimos nuestra inautenticidad. Dado que el ego es un impostor, a veces realmente nos sentimos falsos. Esto es parte del plan de la vida para persuadirnos de que volvamos a casa, a la totalidad de nuestra unidad inherente.

Puede remontarse hasta la huella que cada uno de nosotros lleva en su interior.

Lo que nos parece espacio vacío está lleno de una inteligencia silenciosa que contiene el código de la conciencia superior, la conciencia de nuestra naturaleza divina. La conciencia silenciosa trabaja calladamente, desde el fondo, para recordarnos quién somos. No lo olvides: nuestra constante búsqueda de sentirnos bien es, en última instancia, el deseo de experimentar a Dios.

Por eso, algo que hace que nos sintamos bien durante un momento nos deja con la sensación de que este efímero sentimiento de bondad es solo la punta del iceberg. Como tú lo has dicho, nos damos cuenta de que «tiene que haber más».

Codificado en todo lo que buscamos se halla la sensación sutil de lo que podemos ser, es decir, es la realización de lo que realmente somos, paz y bondad.

Si sentirse bien es parte del plan de la vida, eso significa que es correcto tener expectativas, ¿no?

Las expectativas son una forma de espera, y como tales implican una cierta insatisfacción con el momento presente. De modo que está bien tener expectativas ¡si no te importa sufrir! No obstante, el plan de la vida es que prestemos atención a las señales de malestar y sufrimiento, reconociendo que se deben al hecho de estar perdidos en el reino abstracto del pensamiento.

Aunque las expectativas implican apego al futuro y, por tanto, son una indicación de que estamos diciendo «no» a la realidad tal como es, no hay nada erróneo en estar esperanzado o ser entusiasta respecto a futuras posibilidades. Podemos tener preferencias por ciertos resultados, sin estar apegados a ellos. Cuando nuestras preferencias se convierten en expectativas es cuando nos resistimos al fluir de la vida. Terminamos intentando satisfacer las interminables necesidades y deseos de nuestro ego, en lugar de experimentar la plenitud aquí y ahora.

Hasta ahora, las sensaciones básicas de malestar y de placer habían tenido un éxito limitado en su intención de señalarnos la dirección correcta. No obstante, algunas de las señales de la vida son más eficaces que otras. Por ejemplo, cuando nos sentimos inspirados por algo o por alguien, es como si la vida hubiese rasgado la cuerda adecuada para que nosotros resonemos con ella, cuerda que, por supuesto, es distinta para cada persona. Algunos resuenan con las palabras de un maestro, otros encuentran las palabras menos inspiradoras que un acto de compasión y otros pueden recibir inspiración por la creatividad y la belleza expresadas en la naturaleza o en una obra de arte. Cualquier cosa que nos atraiga constituye una oportunidad para ver y sentir la esencia divina dentro de esa forma —en otras palabras, tener un vislumbre de nuestro yo verdadero.

Ahora bien, puede haber una larga espera entre *flashes* de inspiración. Así que, para experimentar la realidad más frecuentemente, resulta de ayuda ir al cuerpo. Hemos visto que el deseo compulsivo y la espera impaciente son síntomas de una mente disfuncional, que dan lugar a una tensión física y psicológica que adormece nuestra conciencia del cuerpo y su campo de energía. Simplemente redirigiendo nuestra atención al cuerpo para experimentar sus sensaciones y su vitalidad, podemos reducir la tensión y el malestar que, de otro modo, desembocarían en un mayor sufrimiento.

Del mismo modo que nos hacemos mejores corredores corriendo y mejores perceptores percibiendo, experimentar sensaciones físicas sin interpretarlas restablece nuestra sensibilidad corporal. Cuanto más profundamente entramos en el cuerpo para sentir su campo de energía y el silencio que subyace, más profunda es nuestra experiencia del momento presente.

Capítulo

12

Cómo vivir conscientemente

Muchos buscadores están esperando el «gran momento» en el que sean espectacularmente empujados a las profundidades del ser, como sucedió con Eckhart Tolle. Sin embargo, esta forma de despertar constituye una rara experiencia. Es más probable que la iluminación se produzca gradualmente, como resultado de cultivar la presencia.

Por fortuna, para beneficiarnos de la conciencia de la respiración y del cuerpo, no se requiere un cambio permanente en la conciencia. Cuando habitamos nuestro cuerpo, incluso pequeñas mejoras en la conciencia del momento presente pueden reducir significativamente el estrés y el sufrimiento.

Comenzamos manteniendo la conciencia de las sensaciones físicas superficiales. Mantener la atención en las sensaciones y los movimientos corporales nos permite, de un modo gradual, ir más profundamente y percibir una energía sutil que fluye a través de todas las formas, incluyendo nuestro cuerpo. Cuanto más permanecemos anclados en la energía vital, más fácil resulta seguirla hasta su fuente —el silencio eterno—. La esencia, o el ser, es una paz y un silencio primordial que paradójicamente están también vibrantemente vivos.

Volvamos a pensar en nuestro anterior comentario sobre la respiración. ¿Cuándo fue la última vez que notaste tu respiración? Desde entonces, ¿le has concedido importancia a sentir el aire fresco pasando por tus fosas nasales, tu garganta y la parte superior de tus pulmones a medida que inspiras? ¿Y al aire caliente en estas tres zonas cuando espiras? Tómate un momento para sentir la diferencia de temperatura entre tu inspiración y tu espiración.

¿Has practicado también sentir tu cuerpo al mismo tiempo que observabas la respiración? Por ejemplo, ¿has intentado relajar cualquier parte del cuerpo que estuviera innecesariamente tensa, como la mandíbula, los hombros o el plexo solar? Date un momento para notar y sentir la ropa y los objetos que están en contacto con tu cuerpo. Puede tratarse de la silla, del suelo o de cualquier objeto que tengas en las manos.

Yo olvidé seguir las instrucciones dadas antes, así que es la primera vez que he percibido mi respiración y que he sentido verdaderamente mi cuerpo desde hace un buen rato.

Cuando estás aprendiendo a vivir conscientemente, es mejor volver al aquí y el ahora con frecuencia. Por ejemplo, puedes intentar percibir la sensación de la respiración después de la respuesta a cada pregunta que lees, y añadir la práctica de sentir tu cuerpo y soltar tus músculos al final de cada capítulo. No te limites a seguir los movimientos. Permanece muy quieto y ve a tu interior para sumergirte en el mundo sensorial de tu cuerpo.

Después de unos cuantos intentos, tu mente puede tratar de convencerte de que esta práctica es mejor dejarla para otro momento y otro lugar. Sin embargo, cultivar la conciencia no puede esperar al cojín de meditación o la esterilla de yoga, ya que la tendencia es a que quede limitado a esos momentos. Más bien, una persona sabia cultiva la conciencia en todos y cada uno de los momentos, pues ningún otro tiempo ni lugar es real.

Por útiles que las prácticas de conciencia tradicionales sean para reducir el estrés y aumentar la autoconciencia, para la mayoría de la gente esas sesiones son breves y periódicas. Si vamos a desalojar al ego de su posición de poder, tenemos que llevar la luz de nuestra conciencia a las tareas más mundanas y a todas las actividades diarias y hacerlo con regularidad, todo el día, aunque solo sea unos segundos cada vez. Como el ego considera casi todas las áreas de nuestra vida, como la familia, el trabajo, los amigos, el juego, la comida, la ropa y la casa, como su dominio exclusivo, cuanto más frecuentemente llevemos la conciencia del momento presente a estas relaciones y actividades diarias, más confiaremos en nuestro ser interno para que dirija nuestra vida, en lugar de confiar en el ego.

Respirar de forma consciente es estar lo suficientemente alerta como para percibir la sensación física de respirar. Vivir de forma consciente es realizar nuestras actividades cotidianas y hacer frente a cada situación con una mente silenciosa. Emprendemos cada tarea y cada situación con «la soltura, la gracia y la ligereza del ser»,[22] sin preocuparnos por los «qué pasó» o «qué pasaría si...» del pasado o del futuro porque algo necesita nuestra atención justo ahora. Somos conscientes de que lo que más necesita nuestra atención es el momento presente. Utilizamos nuestra conciencia del cuerpo y de la respiración para mantenernos anclados aquí, en lo real, libres de distracción mental y reactividad emocional.

Mis mantras y mis visualizaciones me calman. ¿No está bien eso?

Si bien es cierto que hay prácticas que pueden proporcionar un cierto alivio a corto plazo, el hecho de conocerte a ti mismo como paz probablemente se te escapará, porque estas prácticas, por regla general, mantienen la mente activa. Cuando el énfasis se coloca en una práctica externa, el vivir consciente puede fácilmente derivar en un estilo de vida pseudoespiritual.

También sucede cuando el miedo que la mente egoica tiene a la disolución induce a elegir enseñanzas y prácticas que amenacen poco su existencia. Al fin y al cabo, por qué limitarse a sentir la respiración cuando, en lugar de eso, se puede tener pensamientos felices o recitar un mantra?

Las prácticas que nos mantienen perdidos en el reino abstracto del pensamiento y la imaginación no pueden crear las condiciones para un cambio permanente en la conciencia. El poder de cualquier técnica se halla en la experiencia que tenemos al realizarla. Por ejemplo, si nos centramos en las vibraciones que se propagan por nuestro cuerpo durante nuestros mantras, damos nueva vida y potencia a una práctica que la mente egoica ha neutralizado en gran medida.

Nuestra experiencia del momento no interpretado es siempre más importante que la postura de yoga o de meditación que mantenemos, la ropa que usamos, los libros que leemos, el grupo al que pertenecemos o el maestro del que somos discípulos. Parecer una persona consciente y actuar superficialmente como una persona consciente hace que el ego se sienta bien durante un tiempo, y desde luego es menos amenazador que *vivir* como una persona consciente.

A menudo el ego admitirá tu «forma de vida espiritual» mientras le conceda más importancia a la forma exterior que a la esencia interna. De hecho, es más que feliz con toda la ropa espiritual, el incienso, las campanas, los boles, los CD, los DVD y los retiros, si estas herramientas, potencialmente útiles, se utilizan solo para resaltar la nueva identidad. Una forma de vida espiritual puede ser una mejora respecto a la que llevábamos antes, pero constituye todavía un papel que el ego puede habitar fácilmente, dado que nos mantiene en la superficie de la realidad.

Puedes estar seguro de que la conciencia profunda del cuerpo, que silencia la mente, no supone una amenaza a quien somos, más de lo que lo hace un sueño. Cuando despertamos de un sueño, la historia onírica que parecía tan real se disuelve rápidamente. Cuando despertamos del sueño del «yo», el apego a nuestra historia personal desaparece del mismo modo, sin esfuerzo.

Dime por qué la respiración es una de las prácticas que enfatizas.

¿Puedes sentir la contracción y la expansión de tu pecho mientras lees estas palabras? Desde el día que nacimos hasta el momento de nuestra muerte, esta parte de nuestro cuerpo está en movimiento como resultado de la respiración.

A pesar de ello, la mayor parte del tiempo no controlamos realmente nuestra respiración. Como el parpadear, la división celular y la circulación sanguínea, la respiración es fundamentalmente un proceso fisiológico natural que sucede por sí mismo. Sin embargo, sí se puede decir que afectamos a la calidad de nuestra respiración. Al reaccionar a los pensamientos y las emociones, el cuerpo produce patrones respiratorios que reflejan el nivel de relajación o de tensión que estamos experimentando. Una respiración más profunda y más lenta tiende a reflejar una mente y un cuerpo que se sienten a gusto. La tensión física y la actividad mental excesivas suelen ir acompañadas de una respiración rápida o superficial. Por eso la gente siempre dice que hay que respirar profundamente cuando estamos estresados.

Hacer respiraciones lentas y profundas cambia las pautas respiratorias establecidas por nuestros patrones mentales y emocionales. La buena noticia es que hay una relación abierta, bidireccional, entre la mente y el cuerpo. Los patrones mentales afectan al cuerpo y viceversa. Cambiando los niveles de tensión y los patrones respiratorios se modifica nuestro estado mental y emocional. Mientras que la mente, por regla general, afecta al vehículo físico imponiendo su miedo, su resistencia y su insatisfacción al cuerpo, prestar atención a este, incluyendo nuestra respiración, invierte el ritmo, aquietando la mente y calmando nuestra tensión.

Respirar lenta y profundamente puede ayudar a romper los patrones mentales y emocionales que crean tensión y malestar. Una respiración profunda efectiva expande el vientre por debajo del ombligo y produce una espiración más larga que la inspiración. Utilizar esta técnica significa que temporalmente tomamos el control del acto natural de respirar. Puede ser un gran camino empezar a romper los patrones de la mente y el cuerpo antes de cambiar a algo con un menor esfuerzo, como observar simplemente nuestra respiración. Sea rápida o lenta, profunda o superficial, percibir nuestra respiración nos libera también de esos patrones mentales y emocionales que perjudican al cuerpo.

Tomes el control de la respiración o permitas que sea como es, la clave es prestarle tu atención plena. Sin realizar comentarios mentales, observa la expansión y la contracción de tu pecho. Percibe la sensación del aire que pasa por tus fosas nasales, tu garganta y tus pulmones, sin manipular el acto natural de respirar. Al hacerlo, tu respiración se relaja, se calma y se profundiza por sí misma.

Nunca estoy seguro de si siento mi respiración o solo pienso que lo hago.

Los intentos de utilizar nuestra respiración para estar presentes pueden convertirse fácilmente en una actividad mental. Repetimos frases como «simplemente respira» una y otra vez en nuestra cabeza, sin realmente sentir lo que ocurre en nuestro cuerpo.

Por eso, observar las sensaciones y los movimientos del cuerpo cuando realizas la respiración puede ser más efectivo que intentar activamente respirar de un cierto modo. Sentimos cómo nuestro pecho se mueve con cada respiración y cómo el aire hace contacto con las paredes internas de nuestras fosas nasales, nuestra garganta y nuestros pulmones. Como he señalado antes, experimentar la sensación del aire pasando por la nariz, la garganta y el pecho ayuda a sentir la temperatura del aire en cada inspiración y cada espiración y a que seamos conscientes de cómo nuestra inspiración, generalmente, es un poco más corta que nuestra espiración. ¿Puedes percibir la diferencia de temperatura, justo al respirar ahora?

Nunca observé esto antes. Cuando siento la temperatura de mis inspiraciones y mis espiraciones, tengo más confianza en que no estoy simplemente pensando en mi respiración.

Sí, y otra indicación de si sientes tu respiración es una sensación de naturalidad –una súbita reducción de la tensión en el cuerpo, acompañada de una mayor conciencia de este momento.

Como la mente tiene cosas «más importantes» que hacer, el cuerpo respira todo el día sin que seamos conscientes de ello la mayor parte del tiempo. Sentir la respiración nos devuelve a la realidad del momento presente creando espacios vacíos en la corriente mental que contiene nuestra historia personal de carencia, deseo, insatisfacción y dolor. Volver frecuentemente a la respiración es el camino hacia la experiencia de la paz.

En resumen, cuando te acuerdes, dedica unos minutos a sentir el aire, generalmente más fresco, al entrar por tus fosas nasales, tu garganta y tus pulmones al inspirar. Siente el aire ligeramente más cálido en esos mismos lugares al espirar. Siente el movimiento de tu cuerpo a medida que se expande y se contrae con cada respiración. Ignora cualquier comentario mental, que en todo caso se vuelven más tranquilos y causan menos distracciones cuanto más tiempo ocupas el cuerpo y su hogar, el momento presente.

Junto a observar nuestra respiración, hablas de relajar nuestros músculos. Pero sin tensión muscular no podríamos sentarnos, ni estar de pie, ni realizar ningún movimiento.

Sin el tira y afloja básico de las fuerzas atómicas que crea una tensión equilibrada en el cuerpo –por ejemplo, la presión intracraneal y la presión sanguínea– es cierto que no podríamos existir físicamente. Ahora bien, no necesitamos la tensión adicional producida por resistirnos a lo que esté ocurriendo en el momento presente.

La mente en su estado egoico está constantemente implicada en alguna forma de resistencia, y esta resistencia produce una presión y una tensión que se van acumulando en el cuerpo durante todo el día. La tensión corporal innecesaria indica que «no estamos aquí», sino que nos hemos perdido en el pensamiento. Esto entorpece todavía más nuestra ya limitada conciencia corporal y nos aleja en mayor medida de la conciencia del momento presente.

Uno de los modos en que más habitualmente se manifiesta esto es en la tensión inconsciente de los músculos. ¿De qué sirve un cuello tenso o un puño cerrado cuando estamos esperando en una cola o trabajando en la oficina? Escanea ahora tu cuerpo para ver qué músculos están implicados. ¿Son necesarios todos esos músculos tensos mientras lees o escuchas estas palabras?

Podemos ser extremadamente cuidadosos cuando llevamos un plato caliente de comida o cuando transportamos un paquete frágil. Podemos estar muy centrados cuando escribimos una petición y muy alertas cuando conducimos hacia un destino con un tiempo limitado.

Tener una mandíbula tensa o unos hombros excesivamente contraídos supone una tensión innecesaria que no sirve a ningún propósito en estas situaciones hipotéticas. De hecho, esta tensión extra a menudo empeora las cosas, conduciendo a errores y contratiempos, así como a malestar psicológico y emocional.

Durante el día, observa qué cantidad de tensión innecesaria se acumula cuando trabajas en el ordenador, conduces el coche, llevas un café caliente o te relacionas con la gente. Con la práctica, serás capaz de hacer una pausa brevemente en medio de la acción, aflojar los músculos y terminar la actividad de una manera relajada.

Mientras aprendes a aflojar y relajar, te darás cuenta de que puedes vivir tu atareada vida con soltura y gracia. Incluso el trabajo duro puede sentirse que se hace sin esfuerzo cuando estás relajado, alerta y utilizando solo los músculos necesarios para realizar la tarea. Un cuerpo relajado da como resultado una mente silenciosa, ya que en ausencia de emociones fuertes y de tensión física, la mente está privada del combustible que necesita para seguir pensando compulsivamente.

Yo aflojé la mandíbula y los muslos y relajé los dedos. No tenía ni idea de que estuvieran tensos. Mi respiración es un poco más fluida y siento más espacio en mi cuerpo. Pero esto ha traído a primera línea una ansiedad que estaba en el trasfondo. Descubrí que buena parte de mi tensión procede simplemente de intentar vivir mi vida. Lo único que quiero es sentir que todo va a ir bien.

Al observar y sentir tu cuerpo creaste espacio para que una sabiduría más profunda entre y te proporcione cierta intuición respecto a tu vida. Cuando hacemos esto, no es infrecuente que las emociones negativas que hemos estado reprimiendo salgan a la superficie.

Permite que tus emociones sean como son. Como insinué en un capítulo anterior, observa que son básicamente energía bajo presión. Siente su efecto físico. ¿Se mueven las emociones de arriba abajo, de izquierda a derecha o en círculos? ¿Las percibes como frías o como cálidas? ¿Como un cosquilleo o como una pulsación, un malestar pesado o un dolor agudo?

Evita etiquetar las sensaciones con conceptos abstractos, como miedo, traición, decepción o rabia. Esto mantiene a la mente implicada y perpetúa el ciclo egoico de pensamientos que producen emociones y tensión física en el cuerpo, lo cual a su vez sirve de combustible para un pensar todavía más incesante.

La energía bajo presión requiere el área confinada de un «yo» limitado, para sobrevivir. La atención crea espacio. Las emociones negativas no pueden sostenerse mucho tiempo en el espacio amplio que creamos simplemente al prestar una atención plena a las sensaciones, libres de comentarios mentales y reactividad. Reducir esta presión excesiva del cuerpo disminuye nuestra resistencia al fluir de la vida.

Como estamos profundamente identificados con lo que ocurre en nuestras vidas, no es sorprendente que pasemos cada día esperando que todo vaya bien. En consecuencia, cuando realizamos nuestras tareas diarias, a menudo lo hacemos con una tensión innecesaria que refleja el miedo que tiene el ego a que nuestras vidas se arruinen. Lo que percibimos es la profunda verdad de que el ego con el que nos identificamos está siempre a punto de hacerse pedazos.

El falso yo está sometido a una gran presión por intentar evitar las desgracias, los errores y los accidentes que amenazan su sensación superficial de que «todo está bien». Mantenernos perdidos y distraídos en el reino abstracto del pensamiento es también agotador, y nuestros intentos de hacer que todo esté bien no hacen más que alejarnos del único lugar en el que todo siempre está bien: el momento presente. Paradójicamente, mientras que el ego atraviesa la vida pasando por la cuerda floja, el fundamento de la realidad sobre la que caminamos es amplio y seguro.

La realidad del momento presente está más cerca de nosotros que nuestra propia respiración, y para entrar en ella no hace falta ningún salto de fe desde unas ilusorias alturas. Lo único que tenemos que hacer es permitir que nuestra falsa «historia del yo» se desvanezca. Nos tranquilizará y nos reafirmará experimentar la paz y la bondad que somos, a medida que descubrimos que todo ha estado siempre bien y siempre lo estará.

Aunque sentir la respiración, por sí solo, puede relajar el cuerpo, la conciencia de nuestra respiración se vuelve más potente si se combina con la deliberada relajación de los músculos. No nos cuesta más de unos segundos comprobar el estado de la mandíbula, los hombros, el plexo solar y el diafragma y soltarlos antes de centrarnos en nuestra respiración. Se acentúan estas partes del cuerpo debido a su localización. Cuando están tensas, actúan como puertas cerradas que constriñen nuestra respiración y el fluir de la fuerza vital sutil (el campo de energía del cuerpo o *chi*), limitando nuestra conciencia de la zona del corazón.

El poder del corazón es tal que cuando esta zona se relaja, todas las otras partes del cuerpo pronto la siguen. Como vimos en un capítulo anterior, la zona del corazón es la puerta de entrada principal a través de la cual nos hacemos conscientes de que somos uno con todas las formas y con la vida misma. No es casual que los procesos naturales de la vida, como el reír, el llorar, el bostezo y el orgasmo creen temporalmente una sensación de empatía, unidad y bienestar, forzando la apertura de esas puertas y relajando la zona del corazón. Habitar el momento presente por medio de la conciencia profunda del cuerpo consigue lo mismo, sin esfuerzo y de manera permanente.

Cuando te acuerdes de sentir tu respiración, comprueba que la mandíbula, los hombros, el plexo solar y la región del diafragma estén relajados. A continuación, céntrate en tu respiración durante un minuto y escanea tu cuerpo para ver qué otros músculos necesitan relajarse. Puede que sientas tensión en la espalda y en las pantorrillas. Con la práctica, serás capaz de relajar todo tu cuerpo en un instante, excepto los músculos fundamentales para la acción que estás levando a cabo.

¿Cómo me ayudará en la vida diaria el hecho de conseguir relajarme más?

Cuando nos centramos en una parte del cuerpo y de repente percibimos algo vivo, parece como si hubiésemos creado algo de la nada. En realidad, las sensaciones están siempre ahí, esperando ser percibidas. Cuanto más practicamos, más fácil se hace lo que está ya, y siempre ha estado, allí. Notar cualquier sensación en una parte determinada del cuerpo –calor, pulsación, cosquilleo o movimiento– es útil para volver a llevar nuestra atención a la realidad, porque las sensaciones solo pueden ocurrir *ahora*. En concreto, cuanto más sensibles nos volvemos a las energías sutiles que subyacen a estas sensaciones superficiales, más fácil resulta percibir la paz que está ahí, pero no la experimentamos todavía.

Por debajo de las sensaciones superficiales que asociamos con diferentes miembros y órganos, el cuerpo puede experimentarse como un único campo de energía vital. Esta fuerza vital, a veces llamada *chi* o *prana*, constituye una piedra angular de la existencia y actúa como un puente entre el universo manifiesto y su fuente no manifestada.[23]

Anclar nuestra conciencia en el campo energético del cuerpo es importante porque la mente, en su condición egoica, compartimenta las diferencias naturales entre los distintos tipos de formas, como si fueran realidades separadas en sí mismas, en lugar de simplemente reconocer las diferencias y hacer uso de ellas según se necesite.

Nuestro *software* mental está diseñado para etiquetar, categorizar y medir formas con el fin de ayudarnos a sobrevivir y a desarrollarnos. Por ejemplo, no podemos pasar del punto A al punto B, a menos que sepamos distinguir entre A y B. Necesitamos también conocer la diferencia entre lo que es peligroso y lo que es beneficioso –saber que las uvas son para comer y los ladrillos para la construcción–. El problema es que cuando el ego está al cargo de este *software*, lleva las diferencias demasiado lejos, ignorando por completo la conciencia de su intrínseca unidad. Anclar nuestra conciencia en el campo de energía del cuerpo nos aporta la perspectiva equilibrada de la realidad que necesitamos, de manera que somos plenamente conscientes de la separación entre las formas mundanas, mientras experimentamos simultáneamente nuestra unidad colectiva.

Imagina que estás observando escenas de violencia extrema, terror y tristeza, que se desarrollan ante ti, pero en un cine. La razón por la que la mayoría de la gente no se vuelve histérica y sufre una crisis nerviosa es porque saben que es solo una película y que ellos están seguros en su butaca. Ahora imagina que no sabes que estás en un cine. Este es el modo como la mayoría de las personas vive su vida. Su atención está tan absorta en el juego de formas que no consiguen percibir una realidad más profunda. Son inconscientes del cuerpo –la butaca de cine de nuestro verdadero ser, por así decirlo– que podría anclarlos en la realidad y mantenerlos en paz.

Cuando sentimos esa naturaleza viva por todo nuestro cuerpo, estamos más enraizados en el aquí y el ahora. La claridad que emerge nos hace conscientes de que los dramas que se desarrollan en nuestras vidas no son exactamente como parecen ser. Reconocemos que en el núcleo íntimo de toda persona, situación y experiencia, se halla la conciencia universal, utilizando sus disfraces, y que la esencia sin forma de todo ser permanece inmaculada e incólume.

Frecuentemente tengo problemas con el sueño. También tengo dificultades para levantarme, cuando consigo conciliar el sueño. ¿Puede ayudarme en esto el hecho de sentir mi cuerpo?

Un buen momento para cultivar la conciencia de nuestro «cuerpo de energía interno»^{24} es justo antes de dormirnos por la noche, y también al despertarnos por la mañana, antes de levantarnos. Como hemos visto ya, todo el tiempo que pasamos esperando durante el día nos ofrece una estupenda oportunidad de cultivar la presencia a través de la conciencia del cuerpo. Cuando queremos dormirnos y cuando esperamos a estar lo suficientemente despiertos para levantarnos de la cama y comenzar nuestro día son dos de las mejores ocasiones para cultivar la conciencia del momento presente. Estamos ya relajados o tenemos la intención de relajarnos, y permanecer en la quietud facilita la percepción de las sensaciones sutiles del cuerpo.

Tómate tu tiempo con el ejercicio siguiente para aumentar la conciencia de tu paisaje interior. Con paciencia y práctica sentirás la cualidad de viveza en todo tu cuerpo en cuestión de segundos y en cualquier situación.

Acuéstate, cierra los ojos y deja que tu cuerpo se hunda en el suelo o en el colchón. Permite que esa superficie tome todo tu peso. Retira los sentidos a tu interior y escanea todo tu cuerpo buscando si hay tensiones innecesarias, y si es así, afloja los músculos.

Dedica un minuto a sentir la temperatura de tu respiración; luego, lleva la atención a los pies. ¿Puedes sentirlos desde dentro, por así decirlo? ¿Puedes sentir un hormigueo energético sutil? ¿O puedes simplemente sentir que están vivos, comparados con la superficie sobre la que descansas? Si tienes dificultades para sentirlos, masajéalos o muévelos y a continuación comprueba si te resulta más fácil sentirlos.

Una vez lo logres, lleva tu atención a los tobillos, luego a las espinillas, las pantorrillas, los muslos y la pelvis. Tómate tu tiempo para percibir cómo cada parte de tu cuerpo está viva, antes de pasar a la parte siguiente.

En este momento, observa si puedes sentir toda el área inferior de tu cuerpo —desde la pelvis hasta los dedos de los pies— como un único campo de energía.

Durante el ejercicio puedes descubrir que tu mente intenta ayudarte creando imágenes mentales de cada una de las partes. Esto reducirá tu conciencia perceptiva y te llevará de nuevo al espacio abstracto de la mente. En cuanto te des cuenta de que sucede esto, abandona tus pensamientos y vuelve a llevar la conciencia a *sentir* tu cuerpo.

Ahora sigue subiendo por las manos, los antebrazos, los brazos y los hombros, hasta las axilas, paso a paso. No *pienses* en las partes del cuerpo, solo *siéntelas*. Recuerda que mover los músculos en esa parte del cuerpo, o masajearlos, puede aumentar tu capacidad de sentirlos, durante las primeras fases de tu práctica. Finalmente ya no será necesario. Podrás sentir una sutil viveza mientras permaneces de pie y en movimiento durante el día.

¿Puedes sentir el abdomen y la zona lumbar? ¿Puedes sentir el pecho y los omóplatos? ¿Y la caja torácica al expandirse y contraerse en cada respiración?

Intenta sentir esa viveza peculiar en el cuello antes de centrarte en cada parte de la cabeza —mandíbula, orejas, mejillas, labios y lengua, nariz y ojos, frente, coronilla y nuca.

Completa el ejercicio tratando de sentir todo tu cuerpo como un único campo de energía, durante el tiempo que tú quieras.

¿Puedes sentir esa viveza en tu cuerpo, con los ojos abiertos? Lleva tu conciencia para pasar de observar esa peculiar viveza que *sientes* a *ser* esa viveza. Disfruta de ese suave bienestar que surge por el simple hecho de estar vivo.

Cuando estoy emocionalmente abrumada, no puedo sentir esa viveza sutil en mi cuerpo.

Esa es otra de las razones por las cuales sentir nuestra respiración y aflojar los músculos es importante. Llevar toda nuestra atención a los músculos que se relajan y al acto de respirar puede ayudarnos a calmar incluso emociones abrumadoras. Al menos nos preparará para adentrarnos en el cuerpo y ver qué está sucediendo en él.

Intenta experimentar tu emoción como un fenómeno energético bajo presión. ¿Cuáles son las características que puedes percibir en este fenómeno? ¿Lo sientes como algo leve o agudo, frío o caliente? ¿La energía se mueve en círculos, arriba y abajo o diagonalmente? ¿Te parece estancada? Observa que la mayoría de esta energía emocional se encuentra en tu torso.

Cuando te sientas emocionalmente abrumada, puedes dirigir tu conciencia a la periferia del cuerpo. Observa cómo los dedos, los codos o la parte posterior de las rodillas se hallan libres del sufrimiento que hay en la parte central de tu cuerpo. Busca una parte que no esté sufriendo y descansa tu atención allí. Después de unos minutos, mira si puedes llevar tu atención de nuevo al centro de tu energía emocional, observando las sensaciones con el menor juicio y la menor reactividad posibles.

Recuerda, la atención que no juzga crea espacio, reduce la sensación de trauma emocional al disminuir la tensión física que procede de este fenómeno energético. Si las emociones todavía son demasiado fuertes, puedes volver a llevar la atención a la periferia del cuerpo. Ir y venir, de vez en cuando, del núcleo de tu trauma a la periferia del cuerpo te hace ver que *tú* no eres el trauma.

Cuanto más practiques la conciencia profunda del cuerpo, más fácil te será anclar tu atención en su campo de energía tanto durante los buenos tiempos como durante los malos. Será más fácil observar que cualquier suceso emocional intenso en el cuerpo tiene unas fronteras finitas y una profundidad limitada.

Muchos no necesitan estar abrumados para que sentir su cuerpo constituya una lucha. Simplemente, estar perdidos en el pensamiento lo hace difícil. ¡La buena noticia es que desde el momento en que nos damos cuenta de que estamos perdidos en el pensamiento, ya no estamos perdidos en el pensamiento! En otras palabras, descubrirnos repetidamente pensando no indica un fracaso, sino todo lo contrario: es la piedra angular del éxito.

Resulta interesante ver que puede ser difícil sentir el cuerpo cuando estamos en movimiento. Al estar en movimiento, la mente su vuelve plenamente activa, poniendo el piloto automático, a medida que valora, analiza y revisa nuestros planes. En las primeras fases de nuestra práctica, o en cualquier momento en que tengamos dificultades a la hora de sentir nuestro cuerpo, podemos centrarnos en las sensaciones superficiales de cualquier cosa que esté en contacto con nuestra piel.

¿Puedes sentir cada trozo de tu ropa y cada complemento que lleves, al hacer contacto con tu cuerpo? ¿Puedes percibir todo ello mientras sigues moviéndote? ¿Puedes seguir su roce en tus muslos en cada paso que das?

Con la práctica, serás capaz de cambiar desde las sensaciones superficiales del cuerpo hasta la conciencia de tu cuerpo de energía sutil. La profundidad de tu conciencia corporal está relacionada con la profundidad de tu conciencia del momento presente. Estás en camino de vivir la totalidad de tu vida conscientemente.

Capítulo

13

Prácticas para experimentar y mantener la paz interior

Cada día, tan frecuentemente como puedas, vuelve a llevar tu atención al aquí y ahora. Afloja la mandíbula, los hombros, el plexo solar y el diafragma.

Retirando tus sentidos al interior, haz tuya la sensación de respirar, observando en las fosas nasales, la garganta y los pulmones la diferencia de temperatura entre cuando inspiras y cuando espiras.

Siente el movimiento del torso a medida que se expande y se contrae con cada respiración. Tómate tu tiempo. Tu meta es la relajación, no la realización de una técnica.

Ahora lleva tu atención a la sensación de la ropa y los complementos que están en contacto con tu cuerpo. Siente cada uno de ellos. Luego, trata de sentir todo lo que está en contacto contigo simultáneamente. Si eres capaz, ve más profundamente y siente la viveza energética sutil en el interior de tu cuerpo.

La señal para pasar de una técnica a otra es la reducción de la sensación de tensión e incomodidad en el cuerpo, o cuando descubres que tu mente está alejando demasiado tu atención de tu experiencia vivida.

Puedes hacer ciclos de técnicas para profundizar tu relajación. Esta vez incluye aflojar los músculos de todo el cuerpo. No te precipites a la hora de volver a tus responsabilidades y tus preocupaciones. En lugar de eso, dedica unos instantes a observar el bienestar de tu cuerpo y descansar tu atención allí.

Estas tres técnicas —aflojar los músculos, experimentar la respiración y sentir la naturaleza viva de todo tu cuerpo— componen tu práctica diaria de ser consciente. Este hábito forma la base de todas las demás actividades. Hagas lo que hagas durante el día, utiliza esa práctica diaria de ser consciente para mantenerte relajado, alerta y tan presente como sea posible.

La práctica diaria de ser consciente puede realizarse en cualquier lugar, en tan solo treinta segundos, sin que nadie se entere. No obstante, cuanto más tiempo ancles tu atención en tu cuerpo, más paz, alivio y libertad sentirás. Con el tiempo, los tres componentes de la práctica diaria de ser consciente se convertirán en algo que realizarás sin esfuerzo, como una acción ininterrumpida.

Al aprender la práctica diaria de ser consciente, es mejor estar en calma y con los ojos cerrados. A medida que te familiarizas con el paisaje de tus propias sensaciones, irás ganando confianza para profundizar en la conciencia del cuerpo con los ojos abiertos y mientras permaneces en movimiento. En ese momento puedes integrar poco a poco tu práctica diaria de ser consciente en todas tus actividades.

Desde las responsabilidades hasta los placeres, observa cómo toda tu vida se convierte en una meditación.

La práctica diaria de ser consciente forma también la base de todas las demás técnicas de reducción de estrés y de autoconciencia, de modo que si tienes una técnica favorita, su potencia se amplifica considerablemente al añadir esta práctica de conciencia diaria.

La mente interpreta muchos esfuerzos comunes de relajación y de conciencia como un «hacer», provocando que el cuerpo responda con tensión muscular, lo cual reduce la eficacia de una técnica. Dado que la práctica diaria de ser consciente es un «no hacer», nos ayuda a entregarnos al instante presente y a permitir que todo sea como es. Volver a la práctica diaria de ser consciente frecuentemente, al realizar tus propias técnicas, contrarresta cualquier aparición de resistencia psicológica y física.

Por sí sola, la práctica diaria de ser consciente puede disolver el sufrimiento, facilitando así la emergencia de la paz, el gozo y la claridad. No obstante, cada persona se ve atraída por una técnica distinta; por ello se ofrecen otras técnicas en este capítulo y en los apéndices siguientes. Los ejercicios que se han seleccionado complementan perfectamente la práctica diaria de ser consciente y reflejan la realidad de que la resistencia y el sufrimiento se manifiestan de manera distinta en cada persona.

¿Qué ocurre si me limito a sentir la respiración o quizás solo a aflojar la mandíbula durante todo el día? ¿Es esto suficiente?

Tu capacidad de mantenerte en el aquí y el ahora determinará si es «suficiente». ¿Puedes volver fácilmente al momento presente tan solo observando tu respiración? ¿Estás satisfecho con el nivel de bienestar y claridad que resulta? Si es así, quizás eso sea todo lo que necesites.

Dicho esto, puedes observar que la profundidad de la paz y la conciencia del momento presente son mayores cuando incluyes los otros componentes de la práctica diaria de ser consciente. Las tres técnicas juntas actúan de manera sinérgica, ayudando a liberar niveles de resistencia de los que, de otro modo, no seríamos conscientes.

Has dicho que hay prácticas que van más allá de la práctica diaria de ser consciente.

Sí, las hay. Una técnica útil que podrías probar implica simplemente mirar a tu alrededor. Relaja tu mirada para centrarte en el espacio que hay entre tú y cualquier cosa que estés mirando. Al sentir tu cuerpo mientras observas el espacio vacío, notarás que tu atención pasa a centrarse en el momento presente.

Puedes probar esto ahora, observando el espacio que hay entre la página y tú. Percibe cómo cambia el foco de tu atención, como si estuvieras observando una mota de polvo flotando ante ti. Mantén la mirada serena y el rostro relajado; de otro modo la mente utilizará la tensión y la resistencia para volverse activa de nuevo.

Utilizar la práctica diaria de ser consciente profundiza la capacidad de percibir el espacio a nuestro alrededor. La mente en calma que resulta de ello permite que emerja un silencio pacífico. Este silencio contiene el conocimiento y la realización de que el espacio exterior a nosotros es lo mismo que el vasto espacio que albergamos en nuestro interior.

A medida que el «yo» desaparece, la percepción del cuerpo cambia, de ser limitado y sólido a infinito y espacioso. Descubrimos que nunca hubo una barrera entre dentro y fuera, entre «yo» y el «otro». No era más que una ilusión.

Tú miras multitud de formas cada día, a menudo perdido en el pensamiento y sin darte cuenta de aquello a lo que estás mirando. Pasar el tiempo observando el espacio entre tú y cualquier forma aquietará tu mente. Por ejemplo, el espacio que se halla a cuarenta centímetros de aquella pared, o el que está a unos veinte centímetros de esa pantalla. ¿Puedes darte cuenta del espacio vacío que hay a mitad de camino entre tú y la casa, el árbol o el edificio, mientras andas o conduces?

Hablas mucho de calma. Pero a mí no me gusta estar quieta, sin más. Sobre todo no me gusta estar sola sin hacer nada.

¿Te descubres encendiendo la televisión o poniendo música, para tener compañía? ¿O manteniéndote ocupada con actividades que no son realmente esenciales? Muchos temen estar solos sin tener nada que los distraiga.

Once estudios mostraron que a los participantes, generalmente, no les gustaba estar solos en una habitación, sin nada que hacer más que pensar, ni siquiera entre seis y quince minutos. Disfrutaban mucho más realizando actividades mundanas externas. El hallazgo más sorprendente fue que «muchos preferían administrarse *shocks* eléctricos a sí mismos antes que estar a solas con sus pensamientos». Dicho de otro modo, la mayoría prefería estar haciendo algo a no hacer nada, «incluso si ese algo era negativo».[25]

Cuando la gente teme estar sola con sus pensamientos, quien en realidad tiene miedo es el ego impostor. El ego tiene terror al silencio y la calma, porque percatarse del silencio externo promueve el silencio interno, lo cual conduce a la disolución del ego.

Ahora bien, no se trata solo de miedo, sino también de ignorancia. La condición egoica nos incapacita para percibir el poder del silencio. El pensador basado en la forma no puede comprender totalmente la importancia del silencio sin forma, así que mira hacia otra parte para entretenerse.

Una resistencia prolongada al silencio del momento presente provoca que la mente se vuelva cada vez más disfuncional. La voz en la cabeza y su eco emocional en el cuerpo se vuelven intolerables, razón por la cual la gente preferiría incluso aplicarse *shocks* eléctricos a sí mismos —y por la que algunos llegan a prácticas masoquistas, como cortarse a sí mismos.

La ironía es que este mismo ego nos impide buscar el único remedio que existe: la paz silenciosa. Preferimos utilizar ruidos y actividades externos en un intento inútil de detener nuestro incesante pensamiento y nuestra reactividad.

¿Estás diciendo que realmente resulta de ayuda buscar el silencio?

Mirar el espacio vacío es observar lo sin forma con los ojos. Cuando percibimos eso mismo, sin forma, mediante los oídos, se experimenta como silencio. Cuando detectamos lo sin forma en las profundidades de nuestro cuerpo como una sensación, se experimenta como una calma consciente, que puede percibirse también fuera de nosotros. Esta paz es nuestro ser esencial. El espacio, el silencio y la calma constituyen aspectos de la conciencia universal tal como es percibida a través de los distintos sentidos corporales.

Reducir la cantidad de ruido innecesario en tu vida facilitará la percepción del testigo silencioso, tu verdadera naturaleza pacífica. Una vez la reconozcas, sintiéndola, podrás percibirla en situaciones más ruidosas.

Si actualmente te encuentras en un entorno en el que hay cierta cantidad de ruido, ¿puedes percibir el silencio entre los sonidos? ¿Puedes sintonizar con el silencio que contiene incluso la experiencia más ruidosa?

Intenta centrar tu atención en el silencio que hay justo unos centímetros más allá de tus oídos. Puede haber sonidos a tu alrededor, pero observa que no hay ninguno que se origine en el espacio que hay justo cerca de ti.

Puedes observar que mantener la atención solo en un aspecto del cuerpo, como la respiración, facilita que la mente egoica avance en su camino y se apodere de tu técnica. En cuanto te des cuenta de que sucede esto, relaja los músculos y cambia a otro punto de concentración, como el espacio vacío, el silencio o las sensaciones corporales. Ir cambiando entre estos distintos puntos focales permite que vayas siempre un paso por delante del ego, el cual quiere que toda tu atención esté centrada en él.

Nuestra atención está siempre en alguna parte. Si en un momento no sabemos dónde se encuentra, muy probablemente se halla en el reino abstracto del pensamiento. El ego, por definición, es el pensar compulsivo con el que nos identificamos. Esto significa que toda nuestra atención está generalmente absorbida por la actividad mental. Sentir el cuerpo y experimentar el espacio, el silencio y la calma aleja nuestra atención de la mente. Al principio solo podemos permanecer en el presente durante un segundo o dos, ya que nuestra atención enseguida se desliza hacia la mente. Finalmente volvemos a nuestro estado natural, con nuestra atención descansando en el presente.

Durante el día, pregúntate: «¿Dónde está mi atención? ¿Dónde estoy yo? ¿Estoy aquí?». Esto liberará tu atención y te hará más consciente del aquí y el ahora. Esto, junto con la práctica diaria de ser consciente, te ayudará a profundizar tu experiencia del presente. Observa cómo así es mucho más fácil percibir el espacio, el silencio y la calma.

Si la presencia alerta es la clave, ¿por qué no podemos ahorrarnos el trabajo con el cuerpo y simplemente observar el espacio, el silencio y la calma? Dicho de otro modo, ¿por qué no podemos percatarnos del momento presente directamente?

Mientras estemos identificados con la mente, estaremos, hasta cierto punto, identificados con nuestras percepciones sensoriales y, por tanto, con nuestro cuerpo. Esto implica que el filtro del «yo» se interpone en nuestro mirar, nuestro escuchar y nuestros intentos de mantenernos alertas. La identificación con la mente hace que seamos inconscientes de que es nuestra conciencia del cuerpo sentido la que nos ayuda a decidir qué es real y qué ilusorio. Prescindir del cuerpo, con el que todavía nos identificamos, es el intento del ego por entrar en el momento presente, algo que nunca podrá hacer.

Dicho esto, lo que sí puede evitarse, hasta cierto punto, son las sensaciones superficiales de determinadas partes y procesos corporales. Con la práctica, podemos experimentar inmediatamente el campo de energía del cuerpo y la calma que le subyace. Sin embargo, mientras haya percepción del cuerpo, no puede evitarse por completo sentirlo, e incluso la conciencia sin forma se interpretará como una experiencia física de silencio vibrante.

Estar anclado en la conciencia del cuerpo durante el día es de una importancia primordial. La profundidad de nuestra conciencia está limitada, al comienzo, porque nos centramos también en la realización de las actividades cotidianas de nuestra vida. Por eso se recomienda que encontremos uno o más momentos durante el día en los que nuestra atención pueda estar completamente focalizada en la experiencia de nuestro paisaje interior. Durante esas sesiones se realizan grandes avances para profundizar en la conciencia del cuerpo y del silencio que constituye nuestra esencia.

Hay muchos tipos de meditación y prácticas como el yoga, el Tai chi, etc., que pueden ayudar a aumentar la profundidad de nuestra autoconciencia. Nuestra práctica matutina y nocturna de sentir la viveza del cuerpo es una forma especialmente potente de meditación. Podemos ampliar la duración de estas sesiones percatándonos del silencio, el espacio y la calma y añadiendo una o dos de las técnicas que pueden hallarse en los apéndices.

He estado practicando yoga y meditación durante años, de una manera muy regular. Llevo una vida sana y espiritual. ¿Qué más puedo hacer?

Tu práctica y tus creencias han cambiado claramente tu vida de manera valiosa, aunque por lo que has compartido parece que no te han transformado realmente. Si es así, es porque la paz, el gozo, la sabiduría y el amor que buscas no pueden lograrse mediante el «yo» buscador. En este sentido no hay nada más que «tú» puedas hacer —me refiero con ello ahora al ego buscador—. La transformación exigida implica *trascendencia* del falso yo, no intentar cambiarlo.

Quizás desees hacerte las siguientes preguntas: «¿Qué calidad tienen mis prácticas? ¿Estoy más preocupado por mantener la pose de un yogui y la conducta de un monje zen que de lo que realmente estoy experimentando?».

No puede haber autoconciencia sin *vivirla*. Tu experiencia *vivida* es más importante que tu apariencia o tu comportamiento de cara al exterior.

Para cambiar a un estado más perceptivo, tu conciencia del cuerpo y de la respiración ha de pasar de los períodos breves de la esterilla del yoga o el cojín de meditación a llenar todo tu día. De otro modo, el ego hallará un camino para sobrevivir y mantener el control. El ego es tan magistral en el juego de rol que consigue engañar a la gente para que permanezca apegada a su «historia personal del yo», incluso si la historia incluye ahora la búsqueda de la paz y el despertar.

Mi práctica de la meditación, en concreto, ha reducido mi estrés, aumentado mi empatía y abierto mis ojos al hecho de que las cosas no son exactamente como parecen ser. Pero estoy comenzando a preguntarme si alguna vez tendrá lugar un cambio definitivo en mi conciencia.

El ego impermanente comprensiblemente duda de que despertemos a la paz permanente alguna vez, porque él no puede conocer esta experiencia. Sin embargo, la realización y el despertar son tu destino, mientras que el destino del ego es la disolución.

Supongamos que meditas dos veces al día, cuatro o cinco veces a la semana. Eso es fantástico. Pero ¿qué tal cultivar la presencia y la conciencia del cuerpo durante todo el día? Si eres como la mayoría, te olvidas de hacerlo durante largos períodos de tiempo, pues tienes una hermosa vida frenética, que incluye hijos y un trabajo absorbente. El ser inconsciente durante la mayor parte del día minimiza las oportunidades de que un cambio radical tenga lugar. El cambio definitivo en la conciencia ocurre cuando el ego ya no es capaz de impedir este proceso natural. Casi todo el día empleado en resistir lo que *es*, deja el mando al ego y disminuye las oportunidades de entrar en tu esencia pacífica.

La tensión innecesaria y la conciencia parcial del cuerpo son indicadores de que el ego todavía funciona y tiene el control. A veces, cuando medito con otras personas, observo que tienen el ceño ligeramente fruncido. Algunos parecen tensar innecesariamente la mandíbula o los hombros. Cuando les pregunto por ello, suelen responder diciendo: «Es como si me estuviera moviendo a través de un espacio vacío oscuro, y a veces hay imágenes en el ojo de mi mente. Me encuentro a gusto. Sin embargo, no puedo decir que sea consciente de mi cuerpo ni de mi entorno».

En tal situación, lo que la persona está experimentando es un viaje mental, lo cual es otro de los modos que tiene la mente egoica para huir de la realidad. Se trata de un viaje que, aunque es temporalmente satisfactorio, no lleva muy lejos.

Las prácticas tradicionales de la conciencia promueven la concentración profunda y aumentan la sensibilidad a las formas más sutiles, como la respiración y el *chi*, y en última instancia hasta lo sin forma. Pero no podemos cultivar la presencia solamente en un estudio de yoga, ni la conciencia del cuerpo es solo para cuando estamos sentados en un cojín de meditación. Tenemos que llevar esta conciencia más profunda al resto de nuestro día, el cual constituye el dominio del ego.

Una vez aquietamos un poco la mente y habitamos nuestro cuerpo con nuestra práctica abandonamos todo esfuerzo y simplemente permitimos que todo sea como es, sin interpretación ni reacción. Permanecemos conscientes de dónde está nuestra atención, observando cómo cambia su foco naturalmente entre las formas y lo sin forma. Nos damos cuenta de que nuestra experiencia del momento presente, y por tanto la paz, es más profunda cuando nuestra atención descansa en las sensaciones corporales, el espacio, el silencio o la quietud. Si nuestra atención se siente atraída hacia los pensamientos o las imágenes, los observamos sin apego, pero permaneciendo anclados en el cuerpo.

¿Siempre voy a necesitar técnicas para estar presente?

La práctica diaria de ser consciente nos lleva de lo obvio a lo sutil. Comenzamos por la percepción de las formas y poco a poco nos vamos haciendo conscientes de la propia conciencia. Dicho de otro modo, la práctica diaria de ser consciente es una técnica que se disuelve en el acto de utilizarla, llevándonos del esfuerzo a ser sin esfuerzo. Llega un momento en que dejamos de intentar «estar aquí y ahora» y simplemente permitimos que todo sea como es.

Finalmente nos damos cuenta de que cuanto menos tratamos de manipular nuestra experiencia, más profunda se vuelve nuestra conciencia del momento presente. La forma más pasiva de la práctica diaria de ser consciente es, fundamentalmente, la cesación del esfuerzo, el final de la técnica. Exige de nosotros el mínimo posible. Percibimos la respiración que ya está ocurriendo, sentimos las sensaciones que el cuerpo está percibiendo en cada momento, observamos cómo el cuerpo se relaja por sí mismo en respuesta a nuestra observación pasiva de la realidad.

El ego es el «manipulador de la realidad» y se disuelve en cuanto entramos en el presente, abandonando todo lo que no sea la experiencia de lo que *es*. Se experimenta la realidad, pero no hay «yo» que la experimente.

En ese caso, ¿quién es el que está todavía observando pasivamente cuando toda manipulación ha cesado? Somos *nosotros* —silencio consciente, la presencia-testigo.

Nuestros ojos se abren. Quizás miran la habitación. Vislumbran una forma, luego otra. La atención se vuelve hacia una sensación del cuerpo. Nuestros ojos se cierran y se percibe la respiración. El testigo se hace consciente de un silencio palpable en la habitación y permanece atento a ello. Todo esto sucede espontáneamente cuando el yo egoico ha desaparecido.

El final de la técnica es el comienzo del vivir espontáneo. Fluyendo con simplicidad permitimos que una inteligencia superior guíe nuestro cuerpo y nuestra mente. Interiormente permanecemos en un estado de profundo descanso, a medida que la vida misma toma el control del vehículo.

El *ser* puede querer mirar hacia el cielo, escuchar un pájaro o mover una pierna. Cuando confiamos en que lleve las riendas de nuestra práctica, desarrollamos confianza en que también puede tomar las riendas de nuestra existencia diaria.

Todos nuestros esfuerzos por dejar de resistir a la realidad crean una mejora significativa en la calidad de nuestra vida. Podríamos compararlo al hecho de haber pasado toda nuestra existencia en una habitación oscura, sin ventanas, y experimentar el mundo exterior por primera vez... aunque con un cielo nublado. El paso final del despertar, el acto final de gracia, queda fuera de nuestro alcance. No hay nada que podamos hacer más que esperar que las nubes se dispersen por ellas mismas, revelando la fuente de esta luz y esta calidez recién encontradas.

Nuestra responsabilidad es crear las condiciones necesarias para experimentar la luz del ser puro. En esas condiciones puede tener lugar, de manera natural, un cambio radical y permanente en nuestra conciencia. Tan seguro como que el sol surgirá de detrás de las nubes es que la conciencia de tu verdadero yo emergerá de detrás del pensador.

Conclusión

En 1969, en la ciudad en la que nací, John Lennon y Yoko Ono hicieron un célebre «En la cama por la paz». Fue allí, en Montreal, donde escribieron y grabaron juntos lo que se convertiría en un himno para millones de personas en los años siguientes, *Give Peace a Chance*.

Imaginar la paz, invocar la paz y tratar de actuar pacíficamente son iniciativas fantásticas que nos han inspirado a mí y a muchos otros. Pero ahora sabemos que un movimiento por la paz global, exitoso y duradero, solo puede tener lugar cuando nos demos cuenta del movimiento real de vivir la paz dentro de nosotros y a nuestro alrededor.

La paz vibrante está siempre aquí, y ha estado esperando durante eones para que la percibamos, experimentemos y encarnemos.

A través de nuestra presencia atenta es como si la paz se hubiese activado y vivificado. Desde una perspectiva más profunda, no es la paz la que está dormida dentro de nosotros, sino nosotros los que estamos dormidos a nuestra verdadera naturaleza llena de paz. Habitando plenamente el momento presente, venimos a la vida. Despertamos y finalmente le damos a la paz la oportunidad de manifestarse en nosotros y a través de todo el planeta. Cuando estamos en una situación en la que queremos algo intensamente, para nosotros o para el mundo, a menudo declaramos entre dientes: «Por favor, haré cualquier cosa para que esto suceda».

Ahora, a través de esta enseñanza, tienes la solución. La respuesta a la realización personal y a la paz mundial está aquí y es responsabilidad tuya. Tienes en tu interior los medios para experimentar, por fin, lo que siempre has deseado.

Si como especie no intentamos volver a nuestra verdadera naturaleza, nosotros y el planeta continuaremos sufriendo y tendremos que admitir que no queremos hacer todo lo que podamos por sanarnos nosotros y sanar el mundo. En este caso, aunque tengamos la *oportunidad* de que «la historia del yo» tenga un final feliz, el ego prefiere que la historia de la lucha y el sufrimiento siga y siga.

Tú eres paz. Siente tu cuerpo para poner fin a tu sufrimiento y por ello mismo salvar el mundo. Este es el sencillo mensaje del libro. La mente encuentra difícil de creer que tal simplicidad pueda ser la solución que hemos anhelado; favorece en cambio una interpretación compleja, exótica y esotérica de lo que *es*. Por eso necesitamos el cuerpo, que está siempre aquí en el momento presente, para ayudarnos a determinar qué es real y qué es fantasía construida por la mente.

Hasta ahora, los seres humanos no han acertado a la hora de apreciar el papel esencial que la conciencia del cuerpo desempeña en el camino de la paz y del despertar. En parte, esto no es algo deliberado. El ego buscador conceptualiza y por tanto distorsiona la esencia de cualquier enseñanza que deje buena parte de ella abierta a la interpretación. No son pocas las guerras que se han librado por versiones rivales de una enseñanza espiritual. Puedes estar más interesado en poner fin a tu estrés y tu sufrimiento que en descubrir tu verdadera naturaleza, pero la solución para ambas cosas es la misma —entrar en el momento presente—. Ahora bien, como hemos visto, la verdad no es un concepto, sino un saber profundo basado en nuestra experiencia vivida.

La buena noticia es que a la vida no le importa cuántas veces oigas o leas el mensaje de este libro. Seguirá repitiéndolo hasta que lo encarnes. La vida está utilizando todo lo que hay a tu alrededor y dentro de ti para ayudarte a despertar. ¿Empiezas a darte cuenta? Sin un firme compromiso de intentar llevar a cabo lo que sugieren estas páginas, como tantos mensajes de la vida, se convertirá en ruido estático en la mente.

La mente egoica intenta convencernos de que la vida sin ella sería miserable, cuando lo cierto es lo contrario. Mira atentamente tu vida y la vida de aquellos que te rodean. Observa cómo la persona temerosa de perder la pasión yace adormecida en el sofá y carente ya de todo ímpetu. La que tiene miedo de perder el amor está ya herida, ansiosa y vacía en su interior. La que teme perder su reputación e influencia está ya frente al espejo sintiéndose fracasada e impotente.

El final de nuestra historia significa el final de la identificación con el contenido de la mente, lo cual permite poner fin al sufrimiento crónico. Esto es el comienzo de una vida vivida con verdadera pasión, paz y amor profundos, así como un fuerte sentimiento de dignidad y empoderamiento.

La paz es la esencia de todas las formas que vemos e impregna cada milímetro del espacio que nos rodea. Este silencio inteligente, vibrante, consciente es lo que verdaderamente somos. Una vida de paz puede comenzar cuando no damos el cuerpo por supuesto. La vida misma, en nombre de todos los seres sufrientes de este universo, espera nuestra voluntad de hacerlo.

¿Estás listo para desempeñar el papel heroico para el que naciste? ¿El papel de terminar con todos los papeles y todas las historias?

¿Estás listo para ser quien verdaderamente eres?

Apéndice

I

Metta Bhavana

Metta Bhavana —la meditación *metta*— es el cultivo de la bondad amorosa. Una antigua práctica que nos enseña la compasión y cómo amar incondicionalmente. Cuanto más profundamente sentimos bondad amorosa hacia todos los seres, mayor es nuestra conciencia de que todas las formas están interconectadas. Esto nos acerca un paso más a la realización de que todos somos uno en el ser.

La meditación *metta* nos enseña lo que significa tener un corazón totalmente abierto y entregado. Nos enseña que tenemos el control de la apertura y el cierre de la zona del corazón. Descubrimos que nuestro corazón está casi siempre cerrado o en un estado restringido. Esta técnica puede proporcionar la realización vivida de que somos los únicos responsables de permitir o bloquear lo que ya está aquí y espera que lo experimentemos —la paz, el amor, la sabiduría y un sentido de nuestra unidad colectiva.

El corazón y la zona que se encuentra a su alrededor constituyen es uno de los principales portales del cuerpo en los que el mundo de las formas y su fuente sin forma se encuentran. Es a través de esta parte del cuerpo como la vida es más efectiva a la hora de alcanzarnos con su mensaje de despertar y de nuestra unidad colectiva. Es allí también donde más fácilmente tenemos acceso a la inteligencia y la sabiduría universales.

Sentado o tumbado, selecciona las tres imágenes siguientes: alguien o algo que te hace sentir un amor puro, alguien o algo hacia el que experimentas neutralidad o indiferencia y alguien o algo hacia el que sientes un fuerte rechazo o desagrado.

Con los ojos cerrados, comienza con tu imagen de amor. Visualízala durante treinta segundos y siente el efecto que tiene en tu cuerpo, especialmente en el área del corazón. Cambia a la imagen neutra y visualízala durante treinta segundos. Observa cuidadosamente, con toda tu atención, lo que ocurre en la zona del corazón. Es probable que sientas el pecho un poco más oprimido, pesado o cerrado. Vuelve a llevar tu atención a la imagen de amor y siente cómo tu pecho se abre y te sientes más ligero, expansivo y a gusto. Puedes observar cómo tu respiración se vuelve más fácil, quizás acompañándose de un suspiro de alivio. Ahora visualiza tu imagen negativa durante quince segundos, observando los cambios en tu estado de ánimo y en tu cuerpo. ¿No se halla la zona del corazón más pesada y como constreñida? ¿Hay sensaciones físicas similares a las emociones? Vuelve a tu imagen de amor, prestando mucha atención a la experiencia sentida en el cuerpo. Puedes repetir todo el ejercicio muchas veces durante una sesión. Termina siempre la meditación *metta* con tu imagen de amor, disfrutando del sentimiento de bienestar en todo el cuerpo, durante al menos entre tres y cinco minutos.

En el componente compasión de la meditación *metta*, añadimos, a las tres imágenes anteriores, las tres siguientes: tú, el planeta y el universo. Si alguna de ellas formase ya parte de tus tres imágenes originales, simplemente trabaja con las imágenes restantes, aunque no sean seis en total. Empieza con tu imagen de amor, sosteniéndola en tu mente durante treinta segundos. Sigue con la imagen neutra, pero esta vez intenta llevar a ella el sentimiento relajado y abierto de la zona de tu corazón producido por la imagen de amor. ¿Ha disminuido algo tu sentimiento de amor? Vuelve a tu imagen de amor y compara cómo se sienten ahora tu corazón y tu cuerpo. Tu objetivo es mantener el mismo nivel de amor y apertura de corazón con independencia de las imágenes o pensamientos que haya en tu mente. Sustituye ahora tu imagen neutra con las siguientes imágenes, de una en una: tú, el planeta y el universo, volviendo siempre a la imagen de amor para comparar y para relajar tu cuerpo y llenarlo de bondad amorosa, si es necesario. ¿Puedes mantener el sentimiento de amor, a corazón abierto, cuando te visualizas a ti, visualizas el planeta y visualizas el universo?

Intentar mantener un corazón relajado y abierto con sentimientos de amor y compasión puede ser difícil al visualizar tu imagen negativa. Por eso dejamos ese ejercicio para el final. Quizás descubras que, al principio, solo puedes abrir tu corazón ligeramente. Más tarde serás capaz de mantener sentimientos de amor frente a las imágenes más negativas.

Pero ¿por qué tendría que forzarme a amar a alguien que me ha dado buenas razones para estar disgustado con él?

La meditación *metta* nos enseña que la compasión hacia los otros es, en realidad, compasión hacia nosotros mismos, pues no existe otro completamente separado. En tu mente pueden ocurrir muchas cosas mientras tu atención va alternando imágenes, pensamientos y reacciones. Pero un observador externo te vería sentado tranquilamente y solo en tu habitación. Nadie está provocando que tú hagas algo, lo haces todo por ti mismo.

El amor no es algo que fabricamos para aquello que aprobamos y negamos a lo que desaprobamos, aunque parezca que es así. El amor verdadero está siempre ahí, disponible para que lo experimente cualquiera que acepte lo que *es* y pueda percibir más allá del nivel superficial de la forma. Reaccionando excesivamente a nuestra interpretación de la realidad, nos negamos la experiencia del amor. Esta resistencia a la realidad nos impide también ver al otro y comprenderlo claramente. No es necesario que te guste ni que la apruebes. Simplemente tienes que dejar de discutir con la realidad para experimentar el amor que eres. Cuanto más enraizado estés en tu cuerpo y en el momento presente, menos se verá afectada tu experiencia del amor por lo que parezca estar ocurriendo en el mundo de la forma.

El amor es más que un sentimiento. El amor está acompañado por la sabiduría de que, en el nivel más profundo, somos una única realidad. Comenzamos a ver claramente que aquellos a los que desaprobamos no son sus palabras, ni sus creencias, ni el cuerpo que percibimos. Esperamos que crean y se comporten de manera diferente, pero su nivel de conciencia determina lo que son capaces de comprender y cómo reaccionan. Cultivar la bondad amorosa revela que nuestra interpretación de la realidad es tan distorsionada e incompleta como la suya, ya que también pasamos por la vida con un cuerpo constreñido y un corazón cerrado, lo cual conduce a una mente igualmente cerrada. Un corazón cerrado no solo nos niega el amor, sino también la sabiduría y la claridad necesarias para comprender la realidad. Con paciencia y práctica no necesitaremos pensamientos o imágenes para abrir nuestro corazón, sino que seremos capaces de hacerlo a voluntad.

Nuestro propósito principal al practicar la meditación *metta* es darnos cuenta de que nuestros pensamientos, creencias e imágenes son, en gran medida, irrelevantes. Tenemos, y siempre hemos tenido, la capacidad de mantener nuestro corazón abierto o cerrado cuando queramos. Nosotros, y nadie más, decidimos si experimentaremos el amor que somos, el amor que ya está ahí y siempre ha estado. Si la zona del corazón permanece abierta y relajada, el resto del cuerpo pronto lo estará también. Esto significa que hemos profundizado en la conciencia del cuerpo, y por tanto en nuestra conciencia del espacio.

Un beneficio más de tener el control de la apertura de nuestro corazón es la disolución inmediata de las ansias y deseos del cuerpo. El sentido de sencillez y relajación producido por un corazón abierto no permite la acumulación de energía en el cuerpo, energía que puede convertirse en tensión y en deseo de comida, sexo, drogas o cualquier otra cosa hacia la que nos volquemos de manera excesiva. Nuestro cuerpo finalmente recibe lo que verdaderamente deseaba: nuestro amor y nuestra atención incondicionales. Incluso deseos más sutiles, como la necesidad del ego de seguridad, aprobación o control, se reducen significativamente. La práctica diaria de ser consciente, por sí sola, puede relajar el cuerpo, y en particular, la zona del corazón. La meditación *metta* hace que la práctica diaria de ser consciente sea más potente y nos muestre cuánto control tenemos sobre la experiencia del corazón, del cuerpo y del amor mismo.

Apéndice

II

Dar un paseo del «sí»

Nuestra condición egoica hace que nos resistamos a lo que *es*. Estamos diciendo, básicamente, «no» a la realidad, y no nos damos cuenta de ello. Nos pasamos el día con esta narración inconsciente: «No, esto no es lo que quiero. No lo apruebo. Quiero otra cosa. Algo más».

Aprender a decir «sí» a nuestro cuerpo y a nuestras circunstancias reduce nuestra resistencia, aliviando nuestro malestar y nuestro sufrimiento. En nuestro «sí» no hay juicio, en el sentido de que no estamos dando nuestra aprobación, ni forzándonos a que nos guste alguien o algo. Nuestro sí es de corazón y agradecido, como si les estuviéramos dando la bienvenida a algunos seres queridos al venir a nuestra casa. El tono es: «¡Sí!, acepto la vida tal como es. Me entrego al asombroso misterio que ha producido este cuerpo y todas las formas. Qué descanso que seamos uno en la paz».

En cierto sentido, el paseo del «sí» es la versión en movimiento de la meditación *metta*, pues ambas prácticas nos enseñan a acercarnos a la vida con un cuerpo relajado y un corazón entregado.

Comienza tu paseo del modo como deberías empezar todos tus paseos a partir de ahora, sintiendo la ropa y los complementos que lleves en contacto con el cuerpo y su roce en tus muslos en cada paso que das. Haz de esto tu meditación durante unos minutos.

No andes demasiado deprisa, sobre todo en las primeras etapas de tu práctica. Puedes observar que cuanto más rápidamente andas, más actividad mental hay. Al mirar a tu alrededor, suavemente di «sí» a tu entorno. Siente en tu cuerpo el «sí» de bienvenida, así como el alivio y las sensaciones placenteras que emergen al reducir tu resistencia a la realidad. Observa tu cuerpo, especialmente tu pecho. Ábrete y relájate como si literalmente tomases todo lo que existe y lo acogieses en tu interior y aceptases tu entorno tal como es.

Cuando cambie el escenario, vuelve a decir «sí» a lo nuevo individualmente o a toda la escena en conjunto. Evita hacerlo de una manera rápida, pues esto es la mente adueñándose de un ejercicio diseñado para aquietar al pensador. Demórate en los sentimientos de ligereza y apertura, antes de decir «sí» otra vez.

Utiliza el «sí» verdaderamente sentido para aumentar la comodidad y el bienestar en el cuerpo, pues es en él donde debería permanecer la mayor parte de tu atención. Lo que dices, así como lo que miras, es menos importante que los sentimientos que estás experimentando.

Incluye tu cuerpo como uno de los elementos de tu entorno, abrazándolo con un «sí» de bienvenida. Observa cómo libera una resistencia profunda de la que no eras consciente. Siente el alivio y el gozo sutil a medida que tu cuerpo se abre como una flor en respuesta a tu aceptación y atención.

Utiliza la práctica diaria de ser consciente periódicamente para reiniciar tu atención y reducir la resistencia que surge de un ego que está intentando realizar el ejercicio «correctamente».

Apéndice

III

La presencia-testigo

Al vivir la vida, permitiendo que todo sea como es, el «yo» egoico desaparece. Sin embargo, «alguien» todavía está observando lo que está sucediendo. Y ese es tu verdadero yo. La presencia-testigo que se halla tras todos los fenómenos está siempre ahí para observar todas las experiencias.

El siguiente ejercicio nos ayuda a hacernos conscientes de la voz egoica en la cabeza y de la reactividad emocional —así como de nuestra verdadera naturaleza, la presencia-testigo.

El ejercicio de la presencia-testigo se realiza en dos partes. En la primera actividad dividimos los pensamientos en tres categorías —pasado, presente y futuro—. Hacemos este ejercicio con los ojos caídos (abiertos y mirando hacia abajo), acompañados de una mirada serena, no de una mirada fija y dura.

Sentados o tumbados, observamos la corriente de pensamientos y etiquetamos los que llegan a nuestra mente. Si el pensamiento tiene que ver con algo que ocurrió esta mañana, ayer, el mes pasado o cuando teníamos cinco años, suavemente decimos «pasado» y hacemos una respiración profunda. Si el pensamiento siguiente se relaciona con lo que está sucediendo en ese momento, decimos «presente» y tomamos otra respiración lenta y profunda.

Nuestro comentario interno puede estar expresando algo como lo siguiente: «Tengo hambre», «¿Lo estoy haciendo bien?», «Esto es una tontería», «¡Oh, no! Olvidé el teléfono de mi madre»...

Finalmente, decimos «futuro», en voz alta, para cualquier pensamiento centrado en el futuro, haciendo una respiración consciente antes de volver a la actividad de la mente. Recuerda comprobar periódicamente que tu cuerpo no tenga tensiones innecesarias. Afloja cualquier músculo que el «yo» egoico haya activado, reflejando sus esfuerzos por «hacer», en lugar de «ser».

La razón por la que vocalizamos los pensamientos que etiquetamos es que nos ayuda a permanecer en el aquí y el ahora. Observar y etiquetar nuestros pensamientos nos ayuda también a sentirnos más empoderados frente al pensador incesante. Creamos espacios vacíos en nuestra corriente de pensamientos, probando que seguimos existiendo cuando el pensamiento cesa. Esto nos enseña a tomar nuestros pensamientos con menos gravedad.

Sigue haciendo este ejercicio durante diez o quince minutos y comprueba si puedes hacerte más consciente de los espacios silenciosos entre pensamientos. El «yo» egoico es incapaz de existir mucho tiempo en estos espacios silenciosos. Así pues, ¿quién es el que es consciente de ellos, así como de cualquier pensamiento? Tu mente no puede conocer, de verdad, esta respuesta. Sal de tus pensamientos y entra en tu cuerpo para la experiencia de la presencia-testigo.

La segunda actividad es idéntica a la primera, excepto que sustituimos las etiquetas anteriores por lo siguiente: pensamiento, emoción, sensación. Si nuestra experiencia dominante es un pensamiento o una imagen mental, decimos en voz alta «pensamiento» y dirigimos nuestra atención a la sensación de la respiración. Si una emoción en el cuerpo atrae nuestra atención, decimos «emoción» y volvemos a realizar una respiración consciente. Cualquier sensación física en el cuerpo es etiquetada como «sensación». Puede ser tan breve como una picazón o tan duradera como un dolor de cabeza. Nuestra atención puede llevarse a una gran variedad de percepciones sensoriales, como visiones externas, sonidos u olores, así como sensaciones internas de los órganos o del campo de energía del cuerpo.

Estos tres focos de atención –pensamiento, emoción, sensación– encapsulan la experiencia humana normal. Observar nuestras vidas de esta manera nos permite una cierta distancia respecto de nuestros pensamientos, emociones y experiencias, a los cuales tomamos tan en serio que nos abruman.

Realiza este ejercicio durante diez o quince minutos. Quizás observes que cuanto más largo sea la práctica, menos pensamientos y emociones hay que etiquetar. Tu estado de alerta y de atención aquieta la mente, dejando sobre todo sensaciones que experimentar. Los pensamientos y emociones no observados son otro modo de describir el ego y el cuerpo del dolor.

El ejercicio de la presencia-testigo nos enseña a mirar directamente al contenido de la mente que dirige nuestra vida, pero que transcurre sin que seamos conscientes de ello. Los pensamientos y las emociones que tienen tal poder sobre nosotros pierden su potencia a la luz de nuestra presencia.

Apéndice
IV

Soluciones rápidas

No puedo concentrarme en la respiración cuando estoy enfadada, frustrada o impaciente. Lo que me apetece es hacer algo.

En ese caso, haz algo. Quiero que dejes que tu silla sostenga todo tu peso. Inspira tan profundamente como puedas; luego, mantén la respiración. Ahora afloja cada músculo de tu cuerpo, desde los dedos hasta los muslos y los puños, incluyendo la cara. Mantén esto mientras cuentas hasta cuatro; a continuación, espira a través de la boca, lentamente, mientras aflojas y relajas todo el cuerpo.

Haz toda esta secuencia —inspirar, mantener la respiración, tensar, seguido de espirar y aflojar— cuatro veces más. Puedes practicar este ejercicio en cualquier parte, sentada o tumbada, en casa, en la oficina o en medio del tráfico. Es una buena manera de calmarte, y también de prepararte para la meditación.

¿Cómo te sientes ahora?

Mejor. Siento menos tensión en el cuerpo.

Has producido cierta tensión; luego, has inducido fatiga muscular, que ha reducido la tensión, tanto física como emocional, del cuerpo. Observa que no solo es más fácil sentir tu cuerpo, sino que la voz de la frustración en tu cabeza está más tranquila.

Si intentas ahora la práctica diaria de ser consciente, notarás que es más fácil realizarla. Esta rutina diaria te lleva más profundamente a tu interior que tensar y relajar los músculos solo.

Hay algo más que puedes utilizar en cualquier parte como solución rápida. Una de las técnicas más potentes es una simple respuesta natural del cuerpo: bostezar. Bostezar unas cuantas veces seguidas nos hace más alertas, relajados y empáticos. La relación del bostezo con la empatía no es sorprendente. El bostezo —como otros procesos naturales de la vida, tales como reír, llorar y tener un orgasmo— obligan al cuerpo a relajarse, respirar profundamente y abrir la zona del corazón, donde nuestra conexión con la «vida una» se percibe más fácilmente. La empatía es una indicación de que hay cierta conciencia de nuestra unidad colectiva, aunque no se entienda plenamente como tal.

Puesto que bostezar es un modo excelente de reducir la tensión del cuerpo, constituye una buena manera de prepararnos para una meditación más profunda. También puede ayudarnos a disminuir el estrés, e instantáneamente aumentará nuestro nivel de energía. Bosteza a menudo a lo largo del día, para refrescarte, reducir el estrés y ayudarte a cambiar hacia una perspectiva más holística. También puedes descubrir que te permite tener acceso a nuevas comprensiones sobre tu situación, o incluso sobre otras personas, algo que tu postura constreñida y tu conducta tensa tienden a bloquear. Bostezar cuatro o más veces seguidas aumenta la potencia de esta técnica. Siéntete libre para estirar tu cuerpo, pues el deseo de hacerlo a menudo acompaña al bostezo. Esto reduce también la tensión creando más espacio. Cuando hayas terminado de bostezar, lleva la atención a tu cuerpo. Observa que es más fácil sentirlo desde dentro. Del bostezo puedes pasar directamente a la práctica diaria de ser consciente, ya que profundizará tu sensación de bienestar.

Yo no sé cómo hacerme bostezar.

Con la práctica, serás capaz de bostezar a voluntad. Muchos experimentan un auténtico bostezo después de provocar cinco o seis falsos bostezos. Otros bostezan uno tras otro al ver bostezar a otras personas o animales. Una técnica que encontré efectiva es abrir la boca, dejar la mandíbula inferior suelta y colgando, relajar la garganta e imaginar una apertura en forma de tubo empujando aire hacia la tráquea, que llena los pulmones como un balón.[26]

Algunos utilizan el *jogging* para entrar en su cuerpo y salir de su cabeza. El ejercicio físico, la jardinería, el sexo, etc., pueden ayudar temporalmente. Pero, a diferencia de la práctica diaria de ser consciente o de estas soluciones rápidas que he mostrado, no podemos realizarlos todo el día, ni cuando estamos implicados en otras actividades. Además, aunque combinemos ambas soluciones rápidas para ayudarnos a estar más relajados y alertas, no constituyen un sustituto de las prácticas de conciencia corporal más profundas descritas en este libro.

Volviendo a una de tus preguntas anteriores, convertir la conciencia corporal y de la conciencia de la respiración en una meditación hará que dormir sea algo menos importante. En mi experiencia, una hora de meditación equivale a una o dos horas de sueño.

Uno de los obstáculos para dormirse es la preocupación por si no podemos hacerlo. Lleva la atención a tu cuerpo y respira, sabiendo que tu meditación te hace descansar tanto, si no más, que el sueño. Esto significa que no tienes que preocuparte más por si no puedes dormir. No obstante, descubrirás que cuanto más tiempo mantienes la conciencia del cuerpo y de la respiración, más fácil será quedarse dormido.

Notas

1. Tolle, Eckhart. *A New Earth*, Dutton, 2005, p. 30.
2. Tolle, Eckhart. *The Power of Now*, Namaste Publishing, 1997, p. 173.
3. Tolle, Eckhart. *Stillness Speaks*, Namaste Publishing, 2003, pp. 7-8.
4. Nader, Karim. «Memory Traces Unbound», *Trends In Neurosciences*, volumen 26, n.º 2, 1 de febrero de 2003, pp. 65-72.
5. Ibíd.
6. Tolle, Eckhart. *The Power of Now*, Namaste Publishing, 1997, p. 29.
7. Tolle, Eckhart. *A New Earth*, Dutton, 2005, pp. 154-160.
8. Tolle, Eckhart. *Stillness Speaks*, Namaste Publishing, 2003, pp. 110.
9. Gershon, Michael. «The Enteric Nervous System: A Second Brain», *Hospital Practice*, volumen 34, n.º 7, reseña http://www.hosppract.com/index. php?article=153.
10. Pearce, Joseph Chilton. *The Biology of Transcendence: A Blueprint of the Human Spirit*, Park Street Press, 2002, p. 64.
11. Ibíd.
12. Ibíd., p. 57.
13. Ibíd., p. 58.

14. Doidge, Norman. *The Brain That Changes Itself*, Viking, 2007, pp. 250-255.
15. Lewin, Roger. «Is Your Brain Really Necessary?». *Science*, volumen 210, 12 de diciembre de 1980, pp. 1232-1234 (www.rifters.com/real/articles/Science_No-Brain.pdf). Ver también el artículo de David Paterson's del mismo título en *World Medicine*, 3 de mayo de 1980, 21-24.
16. Tolle, Eckhart. *A New Earth,* Dutton, 2005, p. 106.
17. «Four Ways of Dealing with Murder among the Yankton Band of the Dakota Nation», *Living Justice Press*, livingjusticepress.org.
18. Kelly, Walt. *Pogo*, Post-Hall Syndicate, 1971.
19. Tolle, Eckhart. *The Power of Now*, Namaste Publishing, 1997, p. 171.
20. Ibíd., p. 189.
21. Tolle, Eckhart. *A New Earth*, Dutton, 2005, p. 202.
22. Tolle, Eckhart. *The Power of Now*, Namaste Publishing, 1997, p. 158.
23. Ibíd., pp. 110-111.
24. Tolle, Eckhart. *A New Earth*, Dutton, 2005, p. 53.
25. Timothy D. Wilson et al., «Just Think: The Challenges of the Disengaged Mind», *Science*, vol. 345, n.º 6192, 4 de julio de 2014, pp. 75-77.
26. Aprendí esta última técnica gracias a mi querida amiga y profesora de bienestar Debra Joy.

Índice